ロバート・マクマン――著
青野利彦――監訳
平井和也――訳

冷戦史

Robert J. McMahon

The Cold War
A Very Short Introduction

keiso shobo

はじめに

半世紀近くにわたって国際情勢を支配し、それを大きく規定してきた紛争についてのコンパクトな歴史を書くという作業が、きわめて難しく、わくわくし、同時に気持ちを萎えさせるものであることは、それを始めるとすぐに明らかになった。この薄い本書で扱った、主要な出来事や危機、歴史の趨勢、人物のほぼすべてに関して、より詳細な研究書があるし、その多くは優れているのみならず、ページ数もかなり本書より多い。また、冷戦の歴史のほぼあらゆる側面について、精力的で、そしてしばしば激しい学術的論争も戦わされてきた。こうした論争は、近年、アメリカやロシア、東ヨーロッパ、中国その他の公文書館において、かつては国家機密とされていた文書資料が公開されたこと、また時間の経過によって新しい視角からの分析が可能となったことによって、さらに活発で、内容的にも深まったものとなっている。したがって、本書を冷戦に関する著作の決定版だとか、冷戦という複合的で多面的な紛争の包括的な歴史に一歩近づいた代表的な書物だということはできない。

むしろ私が目指したのは、本シリーズ全体の目的を念頭に、訳注1 学生や一般読者にもわかりやすく、冷戦の概要と解釈を提示することであった。本書は、一九四五年から、米ソの対決に終止符が打たれた一九九〇年まで続いた冷戦について、その概要を記すものであり、冷戦に関する近年の最も重要な学術的成果に基づいて、カギとなる出来事や歴史の趨勢、テーマについて説明するものである。とりわけ私は、世界の現代史の中で最も重要な出来事の一つである冷戦について理解し、それを評価するために必要不可欠な土台を読者に提供するよう心がけた。

本書を書くにあたっては、ほぼ全世界を巻き込んで四五年間にわたって続いた冷戦のどの出来事を扱い、どの出来事は扱わないのか、難しい選択を行うことが避けられなかった。紙幅の制限もあって、いくつかの重要なエピソードについては記述を省略し、別のいくつかの事項についてもできる限り簡略化した形で扱わざるをえなかった。また本シリーズの他の著作が朝鮮戦争とヴェトナム戦争について扱うこともあって、訳注2 冷戦の軍事的な側面については多くを割かないことにした。それゆえ本書は、多国間の国際関係史的な視点、そして冷戦後の視点から記された、タイトル通りの冷戦に関する「入門書」となっている。執筆にあたって私が念頭に置き、本書の中で解き明かそうとした問題は次のようなものである。冷戦はどのようにして、いつ、なぜ始まったのか。なぜそれほどまで長い間続いたのか。なぜ当初ヨーロッパに起源があった冷戦が、ほぼ全世界を巻き込むまでになったのか。なぜ冷戦は突然、思いがけない形で終焉を迎えたのか。そして冷戦はどのような影響を世界に与えたのか。

本書の草稿を読み、内容を改善するための貴重な助言を与えてくれたロバート・ジージャー、ローレンス・フリードマン、メルヴィン・レフラーに、この場を借りて感謝したい。また、本書執筆の間、私を励まし、助言し、一貫して支えてくれたレベッカ・オコナーと、本書の執筆作業を楽しい経験にしてくれたオックスフォード大学出版会の編集スタッフの皆さんにも、感謝している。

訳注1　本書はオックスフォード大学出版会から出版されている、A Very Short Introduction と題された、さまざまな学術的テーマに関する入門書シリーズの一冊として二〇〇三年に刊行されたものである。

訳注2　二〇一七年九月現在、朝鮮戦争、ヴェトナム戦争に関する A Very Short Introduction シリーズの著作は刊行されていない。

目次

※　訳文中の〔　〕は訳者による補足である。

第1章
第二次世界大戦と旧秩序の破壊

冷戦の始まりを説明するためには、まずは第二次世界大戦から話を始めなければならない。考えられるどの基準から見ても、人類史上最も破壊的だったこの戦争は、他に類を見ないレベルの死、荒廃、欠乏、そして混乱をもたらした。

「一九三九年から一九四五年まで続いたこの災禍は、世界を転覆させるほどまでに悲痛かつ、全面的で、甚大なものであった」と歴史家トーマス・G・パターソンは述べている。それは「健全で高い生産力を持つ労働者、農民、商人、資本家や知識人からなる人間世界や、緊密に結びついた家族や共同体からなる安全な世界、ナチス突撃隊員と日本軍の神風特攻隊の軍隊の世界をも含めた、ありとあらゆる世界」を転覆させたのである。さらにこの戦争は「安定した政治、代々受け継がれてきた英知、伝統、制度、同盟、忠誠心、通商、階級の世界」にも混乱をもたらし、大国間紛争が、不可避でないとしても、その可能性がきわめて高い状況をつくりだしたのだった。

1　転覆された世界

第二次世界大戦の直接的な結果として約六〇〇〇万人が命を落としたが、その三分の二は非戦闘員であった。敗戦国となったドイツ、日本、イタリアの枢軸国は、三〇〇万人以上の民間人の死者を出したが、戦勝国であった連合国側の民間人の死者はそれ以上であり、その数は少なくとも三五〇〇万人に上った。ソ連、ポーランド、ユーゴスラヴィアでは総人口の一〇パーセントから二〇パーセントという驚異的な数の命が失われ、さらにドイツ、イタリア、オーストリア、ハンガリー、日本、中国では総人口の四パーセントから六パーセントに相当する死者がでた。第二次大戦直後、この戦争の人的損害の規模は計り知れないほど大きなものであると捉えられていたが、この悲惨な世界戦争がもたらした死者数について、統計的に正確な数字が今後明らかにされないかぎり、大戦から二世代を経た後でもこうした認識が変わらず持ち続けられることになるだろう。

第二次世界大戦末期、ヨーロッパ大陸の大部分は廃墟と化していた。英国首相のウィンストン・チャーチルは、持ち前の活き活きとした散文の中で、戦後のヨーロッパは「瓦礫の山、納骨堂、悪疫と憎悪の培養所」だったと描写している。またアメリカ人の戦争特派員ウィリアム・シャイラーの観察によれば、ベルリンは「徹底的に破壊された荒廃地と化し」、「かつて、これほどまでに大規模の破壊が行われたことはなかった」。実際、中央・東ヨーロッパの最大規模の都市の多くは、ほぼ同様の破壊に見舞われた。ドイツのケルン、デュッセルドルフ、ハンブルクでは、建物の九〇パーセントが連合国軍による爆撃で破壊され、オーストリアの首都ウィーン中心部の建物はその七〇パーセントが破壊された。当時、ポーランドの首都ワルシャワで現地取材していたアメリカ人ジャーナリスト、ジョン・ハーシーは、ドイツ軍は「街路、路地、家屋を組織的に、しらみつぶしに破壊し、すべてが破壊され残っていたのは建物らしきものだけだった」という記事を書き残している。駐ポーランド・アメリカ大使のアーサー・ブリス・レーンは、一九四五年七月にワルシャワに入った際、「周囲に漂う焼けた人肉の吐き気を催すような甘ったるい匂いが、死者の町に入ったこと無慈悲に警告した」と記述している。フランスでは、全土の建物の五分の一が被害を受けるか、または破壊され、ギリシャでも全土の建物の四分の一が同じ状態だった。他国によって占領されることが全くなかったイギリスでさえ、主としてドイツ軍の爆撃による被害が広範囲に及び、戦争によって全国富の四分の一が失われたと推定されている。しかし、被害が最も大きかったのはソ連だった。少なくとも二五〇〇万人が死亡し、さらに二五〇〇万人が家を失い、六〇〇万戸の建物が破壊され、産業施設と生産農地の大部分が壊滅された。ヨーロッパ全土の生存者のうち推定五〇〇〇万人が住む家を追われ、そのうちの一六〇〇万人は戦争に勝利した連合国側から婉曲的に「流民」と呼ばれた。

戦後のアジアも同じように悲惨な状況だった。日本のほぼ全都市がアメリカの容赦ない爆撃にさらされ、都市部の四〇パーセントが破壊された。日本最大の都市である東京は、連合軍の焼夷弾爆撃によって建物の半数以上が破壊され、焼け野原と化した。しかし、広島と長崎にはもっと恐ろしい運命が待ち受けていた。太平洋戦争を終結させた二発の原子爆弾が両都市を壊滅したのである。国家指導者がようやく降伏した時には約九〇〇万人が住む家を失っていた。十年以上にわたって戦場となっていた中国では、満洲の産業施設がめちゃくちゃになり、黄河流域の肥沃な農地は洪水に見舞われていた。四〇〇万人のインドネシア人が戦争の直接的または間接的な影響で死亡した。また、一九四三年には百万人のインド人が戦争による飢餓で亡くなり、その二年後にはインドシナでさらに百万人が死亡している。東南アジアの大部分は日本や中国、その他の太平洋に浮かぶ島嶼が経験したような直接的な戦争の恐怖を免れたが、フィリピンやビルマ[訳注3]などの地域はそれほど幸運ではなかった。戦争末期、フィリピンの首都マニラの建物の八〇パーセントが激しい戦闘で壊滅状態となった。ビルマでも同じように残忍な戦闘が繰り広げられ、当時のバー・モウ首相は「国土の大部分が廃墟と化した」と証言している。

広範囲にわたった戦争による死と破壊は、ヨーロッパとアジアの大部分のみならず、古い国際秩序も葬り去った。当時のアメリカの国務次官補ディーン・アチソンは、「私たちが一九世紀から引き継いできた世界の構造と秩序全体が壊れて消え去った」とその驚きを隠さなかった。実際、五〇〇年間にわたって世界の情勢を支配してきた、ヨーロッパを中心とする国際システムは、ほぼ一夜にして消滅した。ヨーロッパに代わって台頭したのは大陸に匹敵する面積を持った二つの軍事大国であり、両国はすでに超大国と呼ばれていた。そしてこの二つの大国は、それぞれの必要性と価値観に合致した、新しい秩序を構築しようとしていた。戦争が最終段階に入った時には、国際政治にそれほど関心がない人ですら、アメリカとソ連が世界政治における軍事、経済、外交カードの大部分を握っていることに気づいただろう。［枢軸国と戦うために］敵同士から同盟国へと転じた両国は、ある基本目標については立場が一致していた。すなわち、戦争の影響を直接的に受けた地域のみならず、より広い国際システム全体において、なんらかの政治的権威と安定を早急に回復しなければならないという点においてである。それは喫緊かつ、大きな困難を伴う課題であった。アメリカの国務次官ジョセフ・グルーが一九四五年六月に警告したように、「現在の経済的な疲弊と政情不安から無政府状態が生まれる恐れ」があったためである。

少なくとも広い構造的な視点から見た場合、冷戦の直接的な原因は、壊滅的な地球規模の戦争によって荒廃し、外界からの影響を受けやすくなった世界に対して、米ソがそれぞれ、互いに対立する国際秩序構想を押し付けようとしたことに求められる。既存の国際秩序とそれに付随する勢力均衡システムが崩れた際には、なんらかの対立が生じるのが常である。それゆえ、突如として秩序が破壊された時には、似たような対立の発生が予想される。こうした基本的な意味で、第二次大戦直後の米ソ関係が緊張と疑念、対立に見舞われたことは、決して驚くべきことではない。しかし、それに続く対立の「程度」と「範囲」、とくにその「長い期間」については、構造的な諸力だけでは説明することは

訳注３　ビルマとは現在のミャンマーのこと。

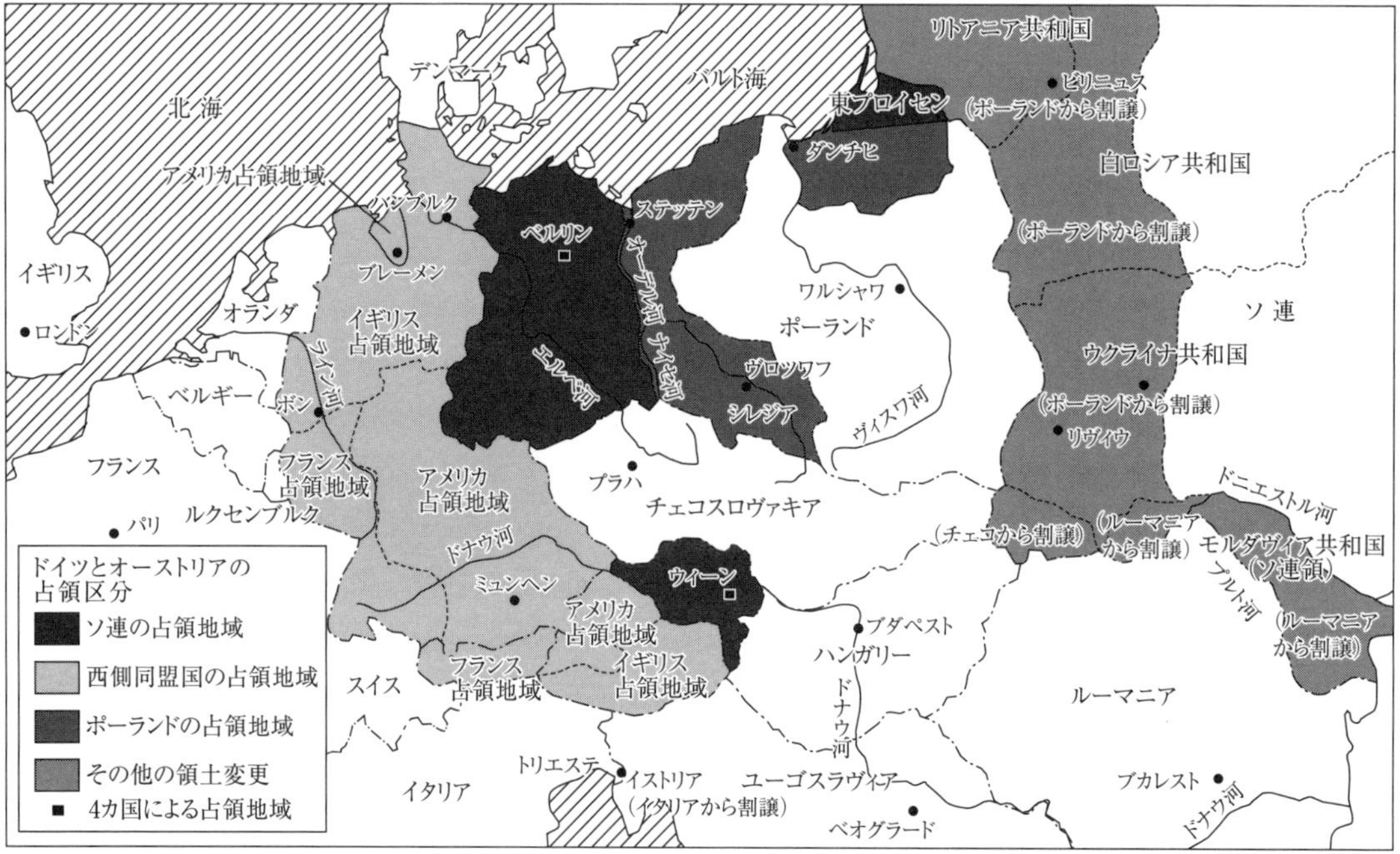

地図1　第二次世界大戦後の中央ヨーロッパ

できない。大国が、それぞれの最も基本的な利益を満たしうる、相互に承認可能な国際秩序を構築するために協調的な行動を選択し、妥協と協力の路線を歩む場合があることは、数多くの歴史的な事例が示すところである。研究者はこうしたシステムを「大国の共同統治」という言葉で表現してきた。しかし、米ソ両国の一部の政府高官の希望とは裏腹に、第二次大戦後、米ソ間でこうしたシステムは発生しなかった。冷戦の起源に関する中核的な問題を検証しなければならないのはそのためである。端的に言えば、それ自体は防ぎようがなかった米ソの緊張関係を、私たちが冷戦と呼ぶ四〇年間にわたる大規模な対立へと発展させたのは、両国の異なる野望や必要性、歴史、統治制度、そしてイデオロギーであった。

2　アメリカの戦後秩序構想

アメリカは比較的軽い損失を受けただけで、第二次世界大戦による荒廃の中から立ち現れた。枢軸国との戦いに命を捧げた約四〇万人の陸海軍兵士のうち、約四分の三は戦場で死亡した。しかし、これは大戦の全戦死者の一パーセントに満たない数字であり、また同じく連合国側に属していたソ連の人的被害が、大戦の全死者数の二パーセントであったことから考えれば、少ない数字である。ヨーロッパ、東アジア、北アフリカその他の地域とは驚くほど対照的なことに、大部分のアメリカ市民にとって戦争は、苦しみや欠乏ではなく、繁栄——それどころか物質的な豊かさすら——を意味するものであった。アメリカの国内総生産（GDP）は一九四一年から一九四五年の間に倍増し、十年にも及んだ不況の結果、物資の欠乏が当たり前となっていた一般市民に、高い生産性と完全雇用の経済的恩恵をもたらした。大戦中には実質賃金も急激に上昇し、銃後のアメリカ国民は、いまや彼ら・彼女らにも手が届くようになった大量の消費財を手にするようになった。当時の戦時動員・再転換局長が述べたように「かつてと比べて五〇パーセントも豊かな生活を送ることに慣れなければならないという、悩ましい状況にアメリカ国民は身を置く」ようになった。

一九四五年八月、新大統領のハリー・S・トルーマンは、誰の目にも明らかだった事実について次のように述べている。「わが国は今般の戦争から世界最強の国家として立ち現れた」。いや、史上最強と言ってもいいかもしれない。しかし、戦争がアメリカ国民にもたらした経済的利益も、枢軸国の侵略に対抗する中で獲得された強大な軍事力、大きな生産力、そして国際的な威信も、戦後の新世界が持つ不確実性を減少させることはなかった。一九世紀初頭にナポレオン戦争が終結して以来、アメリカ人は、外国からの攻撃に対してアメリカは安全であるという神話を謳歌してきた。しかし、日本による真珠湾攻撃は、この神話を決定的に打ち砕いたのだ。冷戦時代を通じてアメリカの外交・国防政策の中心的なテーマとなったのは、国家安全保障に対する強迫観念であったが、その直接的な原因は一九四一年一二月七日の真珠湾攻撃という、アメリカの安全神話を破壊した出来事に求めることができる。そして、その六〇年後［二〇〇一年九月一一日］に、ニューヨークと首都ワシントンに対するテロ攻撃が行われるまで、アメリカ本土が再び、直接的かつ完全に想定外の攻撃にさらされることはなかった。

軍事戦略の専門家たちは、日本軍による大胆な真珠湾攻撃からいくつかの教訓を学びとり、それはその後大きな意味を持つことになった。第一に、科学技術、なかでもとくに空軍力によって世界が縮小したことから、［大西洋と太平洋という］二つの太洋が、もはや外部からの攻撃に対する十分な防壁たりえないことが確実となった。いまや安全確保のためには、本土の海岸線をはるかに越えたところから防衛すること――軍事用語でいう縦深防御――が必要となった。こうした考え方に基づいて、ローズヴェルト政権とトルーマン政権の国防政策担当者は、アメリカが管理する空軍基地及び海軍基地の統合的なグローバル・ネットワークを構築し、同時に、広範囲の軍事航空輸送権に関する交渉を開始するよう訴えた。その両方を構築することで、アメリカは、紛争の可能性がある地域に対してもっと簡単に戦力を投射し、潜在的な敵対勢力がアメリカの領土を攻撃するための力を得るよりもはるかに前の段階で、それを抑制・抑止することができるようになるというのである。どれほど広範囲にわたって米軍基地が必要とされていたかについては、国務省が作成した一九四六年度「重要」基地のリストを見ればわかる。そのリストには、ビルマ、カナダ、フィジー諸島、ニュージーランド、キューバ、グリーンランド、エクアドル、フランス領モロッコ、セネガル、アイスランド、リベリア、パナマ、ペルー、アゾレス諸島が含まれていた。

第二に、より一般的に言って、外交戦略に携わるアメリカ政府高官たちは、アメリカの軍事力を再び縮小させてはならないと決意していた。アメリカの軍事力が新しい世界秩序の中核的な要素にならななければならないという点で、彼らの意見は一致していた。ローズヴェルト政権とトルーマン政権が、世界一の海軍力と空軍力の維持を主張し続けたのはそのためであった。具体的には、太平洋における強力な軍事プレゼンス、西半球における支配的な立場、旧敗戦国（イタリア、ドイツ、オーストリア、日本）占領における中心的な役割、原子爆弾独占の維持などが必要であるとされた。冷戦が勃発する以前から、アメリカ政府の戦略立案者たちは、こうした著しく拡張的な国家安全保障観に基づいて行動していたのである。

国家安全保障上の必要性に基づくこのような広範な構想は、アメリカの政策決定者が第二次世界大戦の経験から導き出した、三番目の包括的な教訓によってさらに強化されることになった。すなわち、アメリカに敵対的な一国家、または複数国家の連合が、ヨーロッパや東アジアの国民、領土、資源に対して圧倒的な支配権を握るような状況が生じることを、再び許してはならないという教訓であった。地政学者が「ユーラシアのハートランド」と呼ぶ地域は、世界で最も戦略的・経済的に重要とされる地域であった。豊富な天然資源と高度な産業インフラ、熟練労働者、先端的な軍事施設のすべてがそろうこの地域が、世界大国にとって重要拠点であることは、一九四〇年から四一年にかけての出来事が痛切に示したところであった。一九四〇年代の初めに枢軸諸国は、ユーラシアの大部分をその支配下に収め、これによって、長期戦を遂行し、世界経済を支配し、また人道に対する凶悪犯罪を行うための手段を手に入れた。さらにこのことは、枢軸諸国が西半球を恫喝し、最終的には攻撃することをも可能にした。もし、再びこのような事態が生じたとすれば、国際システムは著しく不安定化し、世界の勢力均衡は危険なまでに脅かされ、アメリカの物理的な安全も重大な危険にさらされる恐れがある。こうした懸念をアメリカの国防担当者は抱いたのだ。また、仮にアメリカに対する直接攻撃を回避できたとしても、攻撃に対する準備をつねに怠ることができない状況に置かれるだろう。もしそうなれば、軍事費と恒久的な防衛設備の規模の両方を大幅に拡大し、国内の経済構造を大きく改変することに加えて、これまでアメリカが大切にしてきた国内の経済的・政治的自由を制限しなければならなくなってしまう。端的に言えば、枢軸国がユーラシアにおいて優越的な地位を打ち立てたり、別の敵が将来ユーラシアをコントロールするようになれば、アメリカの自由な政治・経済システム——これはアメリカの中核的な信念や価値観にとって決定的に重要であった——が損なわれることになるのであった。このように第二次世界大戦の経験は、アメリカにとって望ましい勢力均衡状況をユーラシアにおいて維持することが、死活的に重要だという厳しい教訓をもたらしていたのだ。

アメリカ人の考えるところでは、世界秩序の軍事的・戦略的な側面は、その経済的側面と不可分の関係にあった。アメリカの政策決定者たちは、自由で開放的な国際経済システムを構築することは、[アメリカの国益のみならず] 彼らが史上最も恐ろしい戦争の焼け跡から構築しようと決意していた新しい秩序にとっても、同様に不可欠だと考えていた。アメリカのコーデル・ハル国務長官は、自由貿易が平和の必須条件だということを経験から学んだと回顧している。不況が続いた一九三〇年代の特徴であった経済自立政策（アウタルキー）や、閉鎖的な貿易ブロック、海外投資と自由な通貨交換に対する排外主義的な障壁などは、国家間の対立と紛争を助長しただけであった。アメリカ流の考え方に基づけば、より開かれた世界はより繁栄した世界に、そして、より繁栄した世界はより安定した平和な世界になるはずであった。こうした目的を実現するため、アメリカは、さまざまな戦時外交の機会を利用して、自由貿易やすべての国家に対する平等な投資機会、安定的な為替レート、通貨交換の完全な自由のための多角的経済体制の構築を推し進めた。一九四四年七月のブレトンウッズ会議において、アメリカは、これらの原則に対する一般的承認を取り付けた。またアメリカは、国際通貨基金と国際復興開発銀行という、世界経済の安定化を図る責務を負った二つの超国家機関の設置に関しても支持を得た。訳注4 この新しい多角的貿易体制については、ローズヴェルト及びトルーマン両政権とアメリカ国内の産業界も強く支持していた。当時世界随一の資本主義国であり、第二次大戦末期には世界の財とサービスの五〇パーセントを生産していたアメリカが、この体制から確実に利益を得ることは当然視されていたといえる。アメリカの理想はアメリカの国益と密接不可分の関係にあったのだ。

一九四四年一二月の米紙『シカゴ・トリビューン』の社説は、偉大なアメリカ共和国において、現在、「力と、疑う余地のない善意」が「手を取り合って進んで」おり、このことはアメリカのみならず、「世界全体にとっても幸運」なことである、と誇らしげに論じている。この社説は、当時アメリカ社会に見られた快活な雰囲気と自信をよく示すものであった。道徳的に正しいことがアメリカの宿命であるという信念は、その歴史と文化に深く根付くものであった。エリート層も非エリート層も、新しい、より平和で豊かな、安定した世界をもたらすことがアメリカの歴史的責任だという考えを受け入れていた。アメリカの指導者たちは、そのような重大な変化に影響を与えるアメリカの能力に疑いをはさまなかったし、自らが構築しようとしている世界秩序と、残りの人類の必要性や利益とが衝突する可能性があるなどとは思ってもいなかった。それまでほとんど失敗を経験してこなかったアメリカ人は、ディーン・アチソンの言葉を借りれば、不遜にも「歴史をつかんで、自分に従わせる」ことができると考えていたのだ。しかし唯一の重大な障害が迫りつつあった。米誌『ライフ』は一九四五年七月に次のように警告している。ソヴィエト連邦は「アメリカ人にとって最も大きな問題である。なぜならソ連は、真実、正義、良き生活に関する私たちアメリカ人の観念に挑戦する活力を持った、世界で唯一の国だからである」。

3　ソ連の戦後秩序構想

戦後秩序に関するソ連の青写真もまた、安全保障に関する根深い恐怖感から生じたものであった。アメリカの場合と同じように、ソ連の恐怖感も、歴史、文化、イデオロギーというフィルターを通じて屈折したものとなっていた。一九四一年六月にヒトラーに奇襲攻撃を受けたソ連人の記憶は、アメリカ人の真珠湾攻撃の記憶と同じくらい鮮明で、それ以上に恐怖を掻き立てるものだった。ドイツの攻撃によって信じがたいほどの損失を受けたソ連の人々が、恐怖を感じないはずはなかった。ソ連を

訳注4　国際復興開発銀行は現在では世界銀行グループの一員。

構成する一五の共和国のうち、九つが、その全土または一部をドイツに占領された。ソ連人は第二次世界大戦を大祖国戦争と呼んで神聖視するようになったが、この戦争の影響を個人的に受けなかったソ連人はほとんどいなかった。ほぼすべての家庭が最愛の家族を失い、その多くは何人もの家族を失っていた。戦争によって数百万人の命が奪われただけではなく、一七〇〇の都市と町、七万以上の村と集落、三万一〇〇〇の工場が破壊された。ソ連で最も歴史がある都市であったレニングラードは、長期の包囲戦で破壊され、百万人以上が犠牲となった。ドイツによる侵攻はソ連の農業基盤にも大打撃を与え、数百万エーカーの作物を破壊し、数千万規模の牛、豚、羊、山羊、馬などの家畜が殺された。

ソ連人の脳裏に焼き付いたドイツによる攻撃と占領の記憶は、長い歴史の記憶——第一次世界大戦中のドイツによる侵略、ロシア革命直後に起きたロシア内戦への連合国の介入、一九世紀初頭のナポレオンによるロシア遠征などの記憶——と混ざり合った。その結果、ソ連の指導者たちは、将来の領土侵害から確実に本土を防衛しなければならないという強迫観念を持つことになったのだ。地球の陸地面積の六分の一を占め、アメリカの三倍の面積を持つその地理的な広大さゆえ、適切な国防の確保はソ連にとって非常に深刻な問題であった。経済的に最も重要な二つの地域、すなわち、ヨーロッパ・ロシア[訳注5]とシベリアは、ソ連の両端に位置していた。そして、そのどちらもが国外からの攻撃にきわめて脆弱なことは、近年の歴史が明らかにしたとおりだった。ヨーロッパ・ロシアは、悪名高いポーランド回廊——ナポレオン、ドイツ皇帝、ヒトラーの軍隊が、そこを通じていとも簡単にソ連に流れ込んだ侵略経路――に面していた。またシベリアは過去二五年間に、二度にわたって日本による侵略の犠牲となった。さらにシベリアは、革命の波に洗われ、不安定な状況が続く中国と長い国境線で接していた。アメリカと異なり、メキシコやカナダのような友好的な隣国にも、二つの太洋という防壁にも恵まれなかったことから、ソ連の国防担当者の仕事は難しいものとなった。

このような、なにがあってもソ連本土を防衛しなければならないという要請が、ソ連政府の戦後世界構想の中核には存在していた。この関連で、ポーランドからの侵略経路――いわば表玄関――を封鎖することがソ連にとって最も重要な課題となった。当時ソ連の最高指導者であったヨシフ・スターリンは、ソ連にとってポーランドは「国家の生死を左右する問題」だと力説していた。一九四五年五月にスターリンは、アメリカのハリー・ホプキンス特使に対して「二五年間にドイツはポーランド経由でロシアを二回も侵略した」と講釈している。「イギリス人もアメリカ人も、こうした耐えがたいほどまでに酷いドイツの侵略を経験していない。……ポーランドが強く、友好的であることが、ロシアにとって死活的な国益であるのはそのためだ」。スターリンは、すぐにドイツが国力を回復し、再びソ連にとって脅威となることを確信していた。そのため彼は、ソ連が世界に影響力を行使できるうちに、ソ連の将来の安全保障上の必要を満たすために手を打たなければならないと考えていた。そのためには最低でも次のことが必要であった。ポーランド及びその他の重要な東ヨーロッパ諸国に従順

訳注5　ソ連の領土のうち、ウラル山脈から西側のヨーロッパに属する地域。

な親ソ政府を樹立すること、ソ連の国境をロシア革命以前の国境線まで拡張する——つまり、バルト三国と戦前のポーランドの東部を永久に併合する——こと、そして、厳しい占領政策と組織的な非工業化、過大な賠償金の支払い義務によってドイツから行動の自由を奪うことである。またドイツからの賠償金は、戦争がもたらした荒廃からの復興を模索するソ連が実施する、大規模な国家再建努力にも資するはずであった。

このようなソ連の戦後構想は、拡張による安全保障という伝統的な方策に基づいたものであり、大戦中に不十分ながらも発展した米英との協調の枠組みを維持したいという、ソ連のもう一つの願望とは矛盾するものであった。それゆえ、この二つの思惑の間でバランスをとる必要があった。総力戦の炎の中で形成された「大同盟」のパートナーシップを維持したいというソ連の思惑は、感情ではなく——ソ連外交に感情が入り込む余地はなかった——きわめて現実的な計算に基づくものであった。第一に、ソ連の指導者たちは、少なくとも当面は、西側とのあからさまな関係断絶を避けなければならないと考えていた。戦争が労働力や、資源、産業施設に甚大な損害をもたらしたことを考えれば、米英と不用意に対立した場合、ソ連は重大な不利益をこうむりかねない。このことは、一九四五年八月にアメリカが原爆を投下すると、ますます明らかになった。第二に、スターリンとその補佐官たちは、ソ連国家再建のために寛大な財政支援を行うとの約束をアメリカから取り付けたいと考えていた。それゆえ際限なく領土拡張を続ける政策は、逆効果になる恐れがあった。なぜなら、こうした政策を続けた場合、アメリカは戦時同盟を解消し、それに付随してソ連への経済支援を取り消す恐れがあったからである。ソ連側は、こうした事態を何としてでも避けたいと考えていた。最後に、長きにわたって除け者国家（a pariah state）として疎外されてきたソ連は、尊敬される、責任ある大国として処遇されることを望んでいた。いくぶん逆説的だが、ソ連は、自らのイデオロギー的信念からすれば嫌悪すべき対象である、資本主義諸国の尊敬を集めることを切望していた。もちろんロシア人が望んでいたのは尊敬だけではない。彼らは、国際的な議論の場においてソ連に対等な発言権を与えること、そして、ソ連の国益の正統性を承認することも求めてもいた。さらにソ連は、大戦中に拡大したソ連の国境線とソ連が東ヨーロッパに築きつつあった勢力圏を、西側が公式に承認する――もしくは少なくとも黙認する――ことを望んでいた。こうした考慮もあってソ連は、赤軍［ソ連陸軍のこと］の剝き出しの力を用いて可能な限り貪欲に領土を拡大するという、軽率な行動を自制していたのだ。

この決定的な歴史の局面において、ソ連外交の采配を振るったのが、歴史上最も残忍かつ無慈悲で、猜疑心に満ちた支配者の一人であったスターリンであった。この事実によって、戦後ソ連の野心に関する物語は、不可避的にスターリン個人の要素に大きく左右されることになった。傲慢な国家指導者であったスターリンは、第二次世界大戦前から大戦中、そして大戦後に至るまで、ソ連の政策決定を完全に支配し、異論を挟むことを許さなかった。スターリンの死後、紆余曲折を経て彼の後継者となったニキータ・フルシチョフはスターリンについて、「彼が一方的に話すことをわれわれは聞いていた」と回顧している。歴史家ジョン・ルイス・ギャディスは、かつてのボリシェヴィキ革命家スターー

ヨシフ・スターリン

背が低く、カリスマ性や雄弁の才も持ち合わせていなかったグルジア（現ジョージア）生まれのスターリンは、1920年代半ばから1953年に亡くなるまで、過酷な統治を行った。このソ連の独裁者は、1930年代にその権力を強化したが、そこで犠牲となったのはソ連国民であった。スターリンが行ったソ連農業の強制的な集団化と組織的な抑圧の直接的・間接的な結果として、2000万人ものソ連市民が亡くなったのである。

リンは「一九三〇年代に、自らが率いる政府、自らが統治する国家を、彼自身の病的な猜疑心が途方もなく拡大したものへと変化させた」と述べている。それは、「おびただしい数の悲劇を生んだ究極のエゴイズム」だったのだ。第二次世界大戦直後のスターリンは、国内外の潜在的ライバルに対するのと同じような深い猜疑と不信の目を、西側の同盟国に対しても向けていた。

ソ連の外交政策が、スターリンの残酷さと支配への飽くなき欲望から生まれたものであったことはたしかに間違いなく、重要な事実である。しかし、ものごとはそれほど単純ではなかった。スターリンは残忍かつ偏執狂的で、また自国の人々に対して残酷な行為に及んだとはいうものの、概して、きわめて慎重な外交政策を追求し、つねに機会とリスクのバランスを考えていた。スターリンはいつも「相対的な力関係」をきわめて慎重に見極めようとしていた。実際、スターリンは、軍事力と工業力におけるアメリカの優位に関しては、それを高く評価するという現実主義的な態度をとっていたし、また、「パンを一斤食べたくても、それが抵抗を引き起こす公算が高ければ半分でやめておけ」、ということわざの教えをしばしば守ろうとした。スターリンにとっては、共産主義を世界に広めることよりも、ソ連国家が必要とするもののほうがつねに重要であった。そのため、攻撃的な拡張戦略ではなく、むしろ、慎重な機会主義と妥協的な態度が混在する政策がとられることになったのである。

ソ連国家を下支えしていたマルクス・レーニン主義のイデオロギーは、スターリンやその側近たちの物の見方と政策に、複雑で、簡単には見分けがつかないような影響を与えていた。マルクスとレーニンの教義に対する根強い信仰から、彼らは、短期的にはどのような困難に直面しようとも歴史はソ連の側にある、という未来についての救世主的な信念、ないしは楽観的な確信を抱いていた。スターリンとソ連政府のエリートたちは、社会主義世界と資本主義世界の対立は不可避であり、最終的にはプロレタリア革命勢力が勝利すると確信していた。そのため彼らは、相対的な力関係が西側にとって非常に有利に見える時には、革命を推し進めることに消極的であった。ソ連の外務大臣モロトフは「わが国のイデオロギーは、可能な時には積極的な行動を、そうでない時には機が熟すのを待つことを、支持するものである」と述べている。こうしたイデオロギー的な確信ゆえに、ソ連は、慎重で我慢強い態度を示すこともあったが、歪んだ目で現実を見ることもあった。たとえば、東ドイツや東ヨーロッパ諸国の人々の多くは、赤軍を解放者ではなく、抑圧者だと見ていたが、ソ連の指導者たちにはその理由を理解することができなかった。彼らはまた、ソ連と対立する資本主義国同士の戦争が発生して、資本主義システムはそう遠くない将来に再び世界恐慌に直面するとの見通しを持ち続けていた。

ソ連人もアメリカ人も、自分たちが世界の歴史の中で重要な役割を担っているという、救世主的ともいえる信念を抱いており、それはイデオロギーによってもたらされたものであった。まもなく冷戦によって分断されることになる米ソの双方において、政治指導者も一般の人々も、自分たちの国家は、単に国益を増進するためではなく、より広い目的のために行動していると考えていた。実際、ソ連人もアメリカ人も、自分たちの行動は――人類を平和、公正、秩序に満ちた偉大な新時代へと導くという――崇高な動機に基づくものだとみなしていた。世界の多くの国々が戦争で疲弊していた中で、両国は圧倒的な力を保有していた。こうした突出した力を持つ二つの国が、鏡に映った像のように相反するイデオロギー的価値観に立っていたことが、両国の対立を避けられないものとしたのだ。

第2章

ヨーロッパにおける冷戦の起源

●一九四五～一九五〇年

1　脆い同盟

世界をリードする資本主義大国アメリカと、その主要な対立国で国際プロレタリア革命を主導するソ連の間で結ばれた戦時同盟は、典型的な便宜のための結婚であり、最初から緊張と不信、猜疑心に満ちあふれたものであった。不自然な必要性から生まれ、過去の対立関係を引きずった同盟を強固なものとする要素は、ナチス・ドイツ打倒という共通目的の他にはほとんどなかった。アメリカは、ソ連が誕生したボリシェヴィキ革命以降、ひたすらソ連に対して敵意を示してきた。対するソ連政府の指導者たちは、アメリカを揺籃期のソ連体制を締め上げようと目論む資本主義国のリーダーとみなしていた。それに続いてソ連は、経済的圧力と外交的孤立を経験し、アメリカ政府の報道官は、ソ連とソ連が支持するものすべてに批判的な態度を貫いた。ソ連建国の一七年後に、アメリカは遅ればせながらもソ連を承認したが、それは蓄積されたソ連の反感をガス抜きするには不十分であった。ここでとりわけ大きく作用したのは、一九三〇年代半ばから三〇年代末にかけてスターリンが、ヒトラーのもとで再び台頭したドイツに対する共同戦線を組織しようと努力したにもかかわらず、アメリカその他の西側諸国がこれに冷淡な態度を示したことであった。少なくともスターリン自身の目から見れば、ソ連は再び西側諸国に見捨てられ、ドイツという狼に単独で向き合うことを余儀なくされたのである。それゆえ、一九三九年にスターリンは、自己防衛を主たる目的に、独ソ不可侵条約の締結に同意することになった。

アメリカのほうはといえば、私有財産の没収や戦前の債務支払いの拒否、世界中の労働者階級の革命への支持を宣言していた、やっかいで予測不可能なソ連政府に対して、軽蔑以外の感情を持ち合わせないまま第一次大戦後の時代に突入した。アメリカの政策決定者たちは、非常に規模の限られたソ連の通常兵力を恐れていなかった。むしろ彼らが恐れていたのは、マルクス・レーニン主義者のメッセージが、アメリカを含むソ連国外の虐げられた一般大衆に強く訴えかけて、革命的な反乱を誘発することであり、その結果、政情が不安定化することであった。そのため一九二〇年代から一九三〇年代初めにかけてアメリカは、共産主義ウィルスを隔離し、ウィルスの供給元であったソ連を国際社会で孤立させようとしたのである。アメリカのハーバート・フーバー大統領は、ソ連に対するアメリカの態度は「邪悪で不名誉な隣人を持つようなものであった」と回想録に記している。すなわちアメリカは、「相手を攻撃することもなかったが、家に招いてその人格を認めることもしなかった」のだ。商業的および地政学的考慮から、一九三三年にローズヴェルト大統領はソ連の外交的承認に踏み切ったが、それは米ソ関係になんら実質的な変化をもたらさなかった。一九四一年六月にナチス・ドイツが、「不可侵条約を結んだ」同盟国ソ連をついに裏切るまで、ソ連とアメリカの冷たい関係は続いた。独ソ戦が実際に開始されるまで、独ソ間の「悪魔の盟約」は、スターリン体制に対するアメリカの嫌悪感を助長しただけだった。一九三九年から一九四〇年にかけて、ポーランド、バルト三国、フィンランドに侵攻するために、スターリンが機会主義的にドイツを利用したことも、アメリカ社会における反ソ感情を高めることになった。

ドイツがソ連に侵攻すると、「アメリカがソ連に対して抱いていた」イデオロギー的な反感は、「力の現実を重視する」レアルポリティークにとって代わられた。ローズヴェルトとその戦略アドバイザーたちは、ソ連がドイツの猛攻撃に対して抵抗してくれれば、アメリカにとって大きな地政学的・戦略的な利益になるとの判断を即座に下した。逆に彼らが懸念したのは、ドイツが資源の豊富なソ連を征服し、ドイツの国家体制が強化されることであった。それゆえアメリカは、赤軍勝利の可能性を拡大するため、一九四一年夏からソ連に対する軍需品の供給を開始した。一九四一年六月以降、ロー

訳注6　一九三三年一一月にアメリカはソ連を承認した。

ズヴェルト大統領の政策の中心にあったのは、「ソ連の生存がドイツ打倒には不可欠であり、ドイツ打倒はアメリカの安全保障に不可欠であるという確信だった」という歴史家ウォルド・ハインリックスの指摘は適切だと言えるだろう。頑迷な反共主義者であったイギリスの首相ウィンストン・チャーチルでさえ、ソ連がドイツ侵攻に耐えて生き残ることが決定的に重要だという点をすぐに見抜き、「もしヒトラーが地獄を侵略したとしたら、議会下院で、地獄の悪魔について好意的な発言を行うでしょう」との冗談を言い残している。アメリカ、ソ連、イギリスは、意識しないまま、いつの間にか共通の敵との戦いを始め、それが、日本軍の真珠湾攻撃の二日後にドイツがアメリカに対して宣戦布告したことで公式なものになったといえるだろう。第二次大戦中にアメリカが、ソ連に一一〇億ドル以上の軍事支援を行ったことは、両国を結束させたのが新しい相互利益の感覚であったことを、最も具体的な形で示すものであった。そしてこの時代、アメリカ政府の戦時宣伝機関は、「ジョーおじさん」と呼ばれたスターリンと、アメリカがずっと嫌悪してきたソ連国家のイメージを、やわらげようと腐心したのである。

しかしまもなく大同盟の内部では、どのように、どこで、いつ、共通の敵国ドイツと戦うかをめぐって摩擦が生じた。スターリンは、ソ連本国に対するドイツの強烈な軍事的圧力を緩和するため、早急に大規模な対独第二戦線を開くよう米英両国の首脳に訴えた。ローズヴェルトはこのスターリンの要請に応じると約束したものの、実際のところ米英は真珠湾攻撃から二年半を経過するまで第二戦線を開こうとはしなかった。そのかわりに両国が選択したのは、一九四二年から一九四三年にかけて北アフリカとイタリアで、より危険性が小さく、重要性も低い作戦を実施することであった。一九四三年六月、今後もさらに一年間はヨーロッパ北西部で第二戦線が開かれることはないと知ったスターリンは、ローズヴェルトに怒りを込めて次のように書き送った。「同盟各国に対するソ連政府の信頼は強い緊張にさらされています」。スターリンは「ソ連軍がこうむった甚大な犠牲と比較して、米英軍が払った犠牲はごくわずかなものにすぎない」と、辛辣な批判を展開した。「米英両国が第二戦線を開かない理由として説明した」補給と軍事的準備の問題にスターリンが理解を示さなかったのは別に驚くべきことではない。西側諸国にはドイツ軍の全戦力を相手にするまで悠長に待つ余裕があっても、ソ連にその余裕がないことは明白だったからである。ソ連の同盟国とされていた米英は、実のところ、ソ連の救援に特段高い優先順位を与えていないのではないか、とスターリンは疑っていた。彼は、米英は自国の兵員を温存できるなら対独戦でソ連兵が犠牲になるほうが望ましいと考えていると読んでいたが、この見立てはたしかに正しかった。米英両国は、ドイツ占領下にあったフランスのノルマンディー海岸への上陸作戦を長い間延期してきたが、ついに一九四四年六月、それを実行に移した。しかし、この時点でソ連軍は、すでにドイツ国防軍の八〇パーセント以上を屈服させていたのだ。

戦時同盟は政治的対立をはらむものでもあった。なかでも、ドイツに課される講和条件と、戦後東ヨーロッパの地位をめぐる問題ほどやっかいなものはなかった。スターリンは、ドイツは戦争終結後まもなく工業力と軍事力を回復させ、再びソ連に致命的な脅威をもたらすと確信していた。そして彼はこうした自身の懸念について、一九四三年一一月にテヘランで開催された戦時会議や、またその後一年間のやりとりの中で、ローズヴェルトとチャーチルに理解させた。当然ながらスターリンは、ドイツの領土と産業インフラの両方を剝奪するという、厳しい講和条件を課すよう精力的に訴えた。この提案は、ドイツの国力の弱体化を図りつつ、ソ連の国家再建にも資するようにしたいという、ソ連の二つの思惑を満たそうとするものだった。ローズヴェルトは、スターリンの懲罰的な提案を全面的に受け入れることは望んでいなかったが、彼もまた、ドイツの恒久分割には一定の利益があると考えているとスターリンに伝えていた。実際のところ、この時点においてアメリカは、まだ相反する二つの思惑のどちらを選択するのか決定していなかった。戦時中に重大な殺戮行為を働いたドイツを破壊するべきなのか、それとも、ドイツに対して寛大な処遇をとるべきなのかという問題である。二つ目の選択肢がとられるのであれば、対独占領の期間を利用して、戦後ヨーロッパにおいて建設的な役割を担いうる新生ドイツの建設を手助けし、そしてドイツの資源と産業力を最大限に活用して戦後の荒廃の中にあるヨーロッパを再建するという大きな課題に取り組むことになる。当初、ローズヴェルトは、ドイツに対して懲罰的な方針をとるというスターリンの提案に賛意を示していた。しかし、その後の事態の展開の中で明らかになるように、実際のところドイツをめぐる問題は容易には解決しなかったのだ。

ソ連の安全保障にとって死活的な意味を持っていた東ヨーロッパ問題も、また、簡単に解決できるものではなかった。理論上も実際上も、アメリカとイギリスは東ヨーロッパにおけるソ連の勢力圏——すなわち、ソ連が東ヨーロッパにおいて支配的な影響力を行使すること——を容認していた。第二次大戦中に展開された勢力圏をめぐる外交交渉のうち、最も露骨であったのは、一九四四年一一月にチャーチルとスターリンが暫定的に合意した、悪名高い「パーセンテージ合意」である。これは、バルカン半島の大部分を、イギリスとソ連が、それぞれ独占的な影響力を行使する地域へと分割するというものである。しかしローズヴェルトはこの暫定協定に決して関与しようとはしなかった。なぜなら、それは、アメリカの戦後政治秩序構想の土台であった、自由で民主的な自決の原則に明らかに反するものであったからである。この問題をめぐる英ソとアメリカの立場の違いをすり合わせることは容易ではなかった。このことは、ドイツとソ連が共同で侵攻してヨーロッパでの戦争の引き金を引いた、ポーランドをめぐる状況を見るとよくわかる。第二次大戦中、二つのポーランド政府が国際社会の承認を求めて争っていた。その一方はロンドンに本部を置き、激しく反ソ的なポーランド民族主義勢力が主導する政府であり、もう一つは、ポーランドの都市ルブリンに設置されたソ連の傀儡政権だった。このような形でポーランド政府が二極化している中で、中間的な立場をとることはできなかった。アメリカ国内で政治的対立が起きた場合、ローズヴェルトは、しばしば中道的な妥協の道を模索した。しかし、ポーランド問題について彼がそうする余地はほとんどなかったのである。

一九四五年二月のヤルタ会談において、ローズヴェルト、チャーチル、スターリンは戦争の終盤に向けた計画を練る一方、こうした根本的な対立のいくつかを解決しようと試みた。この会談は、戦時協調が最もうまくいっていた時期を象徴するものであった。また、この会談で成立した妥協案は、当時の米英ソ間の軍事的な力関係と、この異例ともいえる同盟関係を維持するために必要な協調と妥協

1945年2月のヤルタ会談において、カメラに向けてポーズをとるチャーチル、ローズヴェルト、スターリン（US National Archives and Records Administration）。

の精神を維持しようという「三巨頭」の決意の両方を映し出すものであった。死活的な重要性を持ったポーランド問題についていえば、共産主義者以外の政治勢力にもソ連が支持するルブリン政府への参加を認めることと、自由選挙を実施することをスターリンは受け入れ、それと引き換えに、米英はルブリン政府を承認することに同意した。米英がこの問題でソ連に妥協したことは、アメリカが公に宣言した戦争目標の一つから後退したことを意味していたから、ローズヴェルトはそれを隠すための口実を必要としていた。そこで、スターリンは、ローズヴェルトを政治的に後押しし、また、数百万人の東ヨーロッパ系アメリカ人（その大部分は民主党支持者であったため、これまたローズヴェルトは軽視できなかった）の不安を緩和するため、「解放ヨーロッパに関する宣言」を公表することに同意した。この宣言の中で三巨頭は、解放されたヨーロッパ各国において、民主的な手続きに従って新たな代表政府が設立されることを支持すると表明した。さらにスターリンはドイツの賠償支払いについても、確約を勝ち獲った。そこでは暫定的な賠償額として二〇〇億ドルが提示され、そのうち百億ドルがソ連に支払われるという約束が交わされた。ただ、この問題の最終合意は将来に持ち越された。ヤルタ会談では、また、ヨーロッパでの戦争終結から三カ月以内にソ連が対日参戦することも合意され、これはソ連が国連に加盟することに正式に同意したことと並んで、アメリカにとっては大きな外交成果となった。

2　協調から対立へ——一九四五～一九四七年

しかしヤルタ会談から数週間もたたないうちに、東ヨーロッパにおけるソ連の行動に対して米英の不満が強まり、ヤルタの精神は大きく揺さぶられることになった。ソ連が、ポーランドの非共産主義勢力に露骨で残虐な抑圧行為を働き、さらに赤軍に解放されたばかりのブルガリア、ルーマニア、ハンガリーに対しても高圧的な態度を見せたことから、チャーチルとローズヴェルトはこれをヤルタ協定に対する違反だとみなした。チャーチルはローズヴェルトに、ポーランド情勢を「ソ連との関係を見るための試金石」と見るべきだと訴えた。ところがチャーチルと同じくスターリンの行動に不安を覚えていたにもかかわらず、ローズヴェルトは、このチャーチルの提案には同意しなかった。亡くなる直前までローズヴェルトは、合理的で互いに妥協しあうような関係をソ連との間で維持できると考えていた。しかし、ローズヴェルトは四月一二日に脳出血で死去し、この難しい問題は外交経験のないハリー・S・トルーマンに託されることになった。こうした重大局面でのアメリカの指導者の交代が、以降の米ソ関係の展開にどれほど実質的な違いをもたらしたかという問題については、今日でも研究者の間で論争が続いている。強硬派の補佐官たちは、ソ連に対して厳しい姿勢で臨むことがアメリカの国益達成につながると勧告していたが、それをトルーマンが、ローズヴェルトよりも積極的に採用したことは確かである。一九四五年四月二〇日にトルーマンは、重要問題についてアメリカは、その希望の八五パーセントを達成可能だと発言しているが、この発言は彼の考えをよく表すものとして、頻繁に引用されている。さらにその三日後、トルーマンはソ連の外務大臣モロトフに、ポーランドに関する合意を守るよう、率直に要求した。また、チャーチルもソ連の行動を粗野で脅迫的なものと見て不満を募らせていた。こうして、戦争で荒廃したドイツでまもなく開催される、三巨頭対決の舞台は整えられていった。

ドイツ降伏から二カ月が経過した一九四五年七月、最後の戦時会議が開催された。この会談で米英ソの指導者は、もう一度、意見の食い違いを解消するための努力を行ったが、その結果はさまざまであった。爆撃で破壊しつくされたベルリン郊外のポツダムで開かれたこの会談では、東アジアにおける領土画定や、ソ連の太平洋戦争参戦のタイミングなど、広い範囲の問題が取り扱われた。しかし、二週間にわたった会談の大半を占めた最もやっかいな問題は、東ヨーロッパとドイツの戦後処理をめぐるものであった。会談が開始されてからあまり時間がたたないうちに、スターリンは、米英によるポーランド新政府承認という、最も重要な外交目的の一つを勝ち獲った。米英は、ソ連によるポーランド支配という既成事実を、やはりソ連が大戦前にドイツ領だった地域を併合し、ポーランド西部国境を拡大したこととあわせて、受け入れるしかなかった。しかし米英には、ソ連がブルガリアとルーマニアに樹立した政府にも同様の承認を与えるつもりはなかった。そのかわりに米英ソ三国は、外相理事会を設置し、東ヨーロッパをめぐる諸問題や、大戦の結果生じた他の領土問題について話し合いを継続し、また敗戦国となった枢軸国との平和条約を起草するための作業を行うことにしたのである。

ドイツ――チャーチルが言うところの「大問題」――をめぐっては激しい論争が生じたが、アメリカが妥協案を提示したことで、ポツダム会談は暗礁に乗り上げずに済んだ。しかしそれは、事実上ドイツを経済的に分割するという代償を伴うものとなった。ここでも再び対独賠償が大きな問題となった。スターリンは、彼自身はヤルタで合意されたと考えていた百億ドルの賠償を強く主張したが、これにトルーマンとその補佐官たちは激しく抵抗した。アメリカは、西ヨーロッパとアメリカが経済的に復興して、将来にわたって繁栄していくためにはドイツ経済の活性化が不可欠だと考えていた。それゆえ、その目的に反する計画には、それがどのようなものであれ反対だった。最終的にはアメリカのジェームズ・バーンズ国務長官が妥協案を提唱し、ソ連はそれを不承不承受け入れた。それは、基本的にアメリカ、イギリス、フランス、ソ連の占領四カ国は、それぞれが担当する占領地域から個別に賠償を取り立てるというものだった。さらにソ連に対しては、西側の占領地域からも一定の資本設備が提供されることが約束された。しかし、ドイツの中で最も産業が発達し、また、豊かな資源を有する西側占領地域に対して、ソ連は事実上その影響力を行使できなくなった。大同盟諸国はドイツ問題――第二次世界大戦において最も多くの対立を生んだ外交案件であり、また冷戦の中核であり続けることが運命づけられた争点――に関する統一的なアプローチに合意することができなかった。それゆえ、大同盟が結束しているという体裁をとり繕う一方で、ドイツを分割することを選択したのだ。このことが、後の事態の展開に与えた悪影響は非常に大きなものであった。この措置は、ドイツの西側占領地域とソ連占領地域が、それぞれ別個の経済・政治システムへと統合されていく第一歩となり、ヨーロッパ大陸が東西に分断されていくことを予兆するものであった。

にもかかわらず、トルーマンは、ポツダムで合意された重要決定が満足のいくものであったことを明らかにしていた。会談後トルーマンは次のように述べている。「私はスターリンが好きだ。彼は率直で、自身が何を望んでいるかわかっているし、それが得られない時に妥協する姿勢を持っている」。トルーマンは、その後のスターリンとの交渉においても、アメリカは望むものをほとんど獲得できるとの自信を持っていた。というのも、彼とその補佐官たちは、アメリカには二枚の切り札――アメリカの経済力と原子爆弾の独占的な保有――があると考えていたからである。ポツダム会談の最中に、トルーマンは、ニューメキシコ州で行われた原爆実験が成功したとの一報を受け取ったが、このことはさらに彼の自信を深めた。アメリカの「ロイヤル・ストレート・フラッシュ」――陸軍長官のヘンリー・スティムソンは原爆をこのように呼ぶことを好んだ――によって、アメリカの国益と合致する

1945 年 7 月のポツダム会談の際、チャーチルの宿舎の前で一緒に写真に収まるチャーチル、トルーマン、スターリン（US National Archives and Records Administration）。

外交的な解決の見通しは高まったように見えたし、トルーマンとその側近たちはそのように信じていた。一九四五年八月六日には日本の広島に、八月九日には長崎に原爆が投下された。一一万五〇〇〇人が即死し、数万人以上が放射能による病気でまもなく亡くなった。日本も降伏を余儀なくされた。同時に、原爆の使用は、アメリカがいくつかの軍事的・外交的な目的を達成するうえでも役立った。それは戦争を早期に終結させ、多数のアメリカ人兵士の命を救った。また原爆が使用されたことで、太平洋戦域でソ連が対日参戦する必要はなくなり（ただし満洲に対するソ連軍の進撃を止めることはできなかった）、ソ連が戦後の日本占領で役割を果たす可能性も閉ざされたのである。

しかし、トルーマン政権が切り札を握っていたにもかかわらず、日本降伏後の数カ月間で、米ソ関係は次第に悪化していった。大戦中は同盟国であった米ソは、依然として最もやっかいだった東ヨーロッパとドイツの問題に加えて、原子力兵器の国際管理構想や、中東及び東地中海における利害、アメリカの経済援助、満洲におけるソ連の役割などをめぐっても激しく対立した。外相理事会で妥協が成立した問題もあったものの、一九四六年は、大同盟が消滅し、本格的な冷戦の開始を告げる年となった。

一九四六年を通じて、トルーマン政権と主要なアメリカの西ヨーロッパ同盟国は、スターリンのソ連は、より多くの領土や資源、譲歩を得ようという欲望を持った、機会主義的でやっかいな国だという見方を強めていった。アメリカ国務省の高官で、当時モスクワに駐在していたジョージ・ケナンは、歴史的な文書となった一九四六年二月二二日付の「長文電報」の中で、ソ連に対するこうした評価を明確かつ説得的に展開している。資本主義世界に対するソ連の敵対心は、伝統的にロシアが持つ不安感と、マルクス・レーニン主義のドグマが不運にも結合した結果であり、今後変わることはなく、また、避けることもできない性質のものだとケナンは強調した。ケナンはまた、これまでソ連政府指導部は抑圧的で全体主義体制を人民に強要してきたし、現在は、外部に存在するとされる敵の脅威を利用して、専制的な国内政治体制の維持を正当化している、とも論じた。ケナンの勧告は直截的なものであった。どんな場合でも妥協は意味がないので、妥協すべきではなく、ソ連の国力と影響力の拡大を抑制することに注力すべきというのである。ケナンによれば、ソ連は自分よりも力が強い者にのみ従うのであった。三月五日にはイギリス前首相のウィンストン・チャーチルも、高まりつつあったソ連批判の声に、自らも加わる姿勢を明らかにした。彼を支持するハリー・トルーマンとともに、米ミズーリ州フルトンの演壇に立ったチャーチルは、「バルト海のステッテンからアドリア海のトリエステまで、ヨーロッパ大陸に鉄のカーテンが降ろされた」と述べ、キリスト教文明そのものがいまや共産主義者の拡張主義によって危機にさらされていると警告を発した。

ただし、これほどまでに西側諸国政府の警戒感を高めたのは、ソ連政府の行動だけではなかったし、ましてや、それが、アメリカの一部でささやかれていた世界最後の日のシナリオをもたらしたわけでもなかった。たしかに、スターリン体制下のソ連は頻繁な攻勢をかけていた。ポーランド、ルーマニア、ブルガリアに対してはソ連に忠実な政府を強制し、東ドイツのソ連占領地域では排他的な勢力圏を形成した。また一九四六年三月には、後に引き下がりはしたものの、イランからの兵力撤退を拒む姿勢を見せ、最初の重大な冷戦危機を引き起こした。さらに、トルコに対しても、ブルガリア領内のトルコ国境沿いに兵力を集結させて恫喝し、強引に譲歩を迫った。くわえて、ソ連は満洲でも略奪行為を働いていた。しかしその一方でソ連は、ハンガリーとチェコスロヴァキアでは比較的自由な選挙の実施を容認したし、フィンランドとオーストリアでは代議制政府の樹立に協力した。また外相理事会の制度を通じて西側と活発な交渉を続けただけでなく、イタリア、フランス、その他の西ヨーロッパ諸国の強力な共産党を抑制することすら行っていた。つまりソ連の行動を、ケナンやチャーチルが提示した見方よりも、もっと微妙でバランスのとれたものであったと解釈することも可能だったのである。

実際、米英の政策決定者たちが最も懸念していたのは、ソ連の行動そのものでも、その根底にあった敵対的な意図でもなかった。また彼らは——少なくとも短期的には——ソ連の軍事力を過度に恐れていたわけでもなかった。米英の軍幹部たちは、対米戦争のリスクを冒すことができるほどソ連は強くないと判断していた。とくに、赤軍が西ヨーロッパに攻撃を仕掛けることはありえないと見ていたのである。むしろ米英の政策決定者たちが懸念していたのは、戦後世界を引き続き覆っていた社会経済的な疲弊と、それに伴う政治的な激変にソ連がつけ込み、そこから利益を得る可能性であった。こうした状況こそが、世界中で左翼勢力が台頭することを可能にしていたのである。そして、この世界的な左翼の台頭という現象を最も顕著に示していたのが、西ヨーロッパにおける共産党への支持の高まりと、第三世界における革命的かつ反植民地主義的で、過激な民族主義運動の勃興だった。戦争がもたらした深刻な社会・経済の混乱が続くなか、世界中の多くの人々の目には、共産主義は魅力的な代替システムになりえるように映ったのだ。こうした状況下で、西側諸国の外相や防衛相たちは、現地の共産党や革命運動がソ連と結託し、その軍門に降りることを恐れていた。ソ連国家の正統性と威信は、第二次大戦中の反ファシスト運動でソ連が中心的な役割を果たしたことで、大いに磨き上げられていた。そのことがソ連に、直接的な軍事行動のリスクを冒すことなく、その権力そのものとその影響力が及ぶ範囲を拡張することを可能にしたのだ。アメリカの政策決定者たちは、一九四〇年から一九四一年にかけて経験したのと同じ恐ろしい暗雲が垂れこめていると感じていた。またもや得体の知れない、恐ろしいイデオロギーで武装した敵対国がユーラシアを支配しかねないという状況に置かれたのである。もし、そうした事態が生じれば、世界の勢力バランスはアメリカに不利なほうへと傾き、重要な市場と資源へのアクセスは阻まれ、アメリカ国内の政治的・経済的自由が危険にさらされることになるのである。

3　分断線の出現

このような、もし拡大すれば重大な脅威となる事態に対処すべく、一九四七年前半にアメリカは、ソ連封じ込めと共産主義の求心力低下を同時に達成するための戦略を電光石火の速さで実施していった。この際、当時国力低下と深刻な財政難に苦しんでいたイギリスがやむをえずとった行動が、アメリカにその外交攻勢の決定的な一歩を踏み出させることになった。二月二一日にイギリス政府は、アメリカ国務省に対し、今後ギリシャとトルコに経済・軍事支援を供与することができないと通告した。この通告を受けたアメリカ政府は、東地中海、そして豊かな石油資源に恵まれた中東にソ連の影響力が拡大する可能性を防ぐためには、それまでイギリスが果たしてきた役割をアメリカが引き継がなければならないと即座に決定した。財政コストに敏感な議会と、新たな国際的義務の引き受けに消極的な国民の支持を得るため、トルーマンは三月一二日に議会で演説し、苦境にあえぐギリシャ・トルコ両政府に対して四億ドルの経済・軍事支援を行うよう訴えた。

東地中海におけるアメリカの行動を、単純に、イギリスの力の低下によって生じた力の真空を埋めるためのものであったと見ることも可能である。ギリシャの右翼政権は、共産主義国家ユーゴスラヴィアから支援を受けていたギリシャ現地の共産主義勢力との間で、内戦状態にあった。一方、トルコは、ダーダネルス海峡をめぐる問題について、執拗に譲歩を求めるソ連からの圧力に直面していた。ソ連とその同盟国は、イギリスの撤退から利益を得ることが可能だったのであり、アメリカの行動は、そうした望ましからぬ可能性を封じようとするものであった。しかし、トルーマン・ドクトリンの重要性は、それがパワー・ポリティックスの行動であったという基本的な事実にではなく、援助を提案するためにアメリカ大統領が選択したその方法にあった。大げさな言葉や二元論的なイメージ、事実の意図的な単純化によってアピール力を強めることで、トルーマンは、ギリシャとトルコに対する支援だけでなく、アメリカがより積極的な外交政策——これはすぐに反ソ・反共的な外交となった——

トルーマン・ドクトリン

トルーマンはギリシャとトルコに対する援助の実施を訴える議会演説の中で、「世界史の現時点において、世界のほとんどすべての国が二つの生活様式のどちらかを選ばなければならない局面に直面している」と述べた。そして、直接的にソ連を名指しすることを避けつつも、その悪行を列挙したうえで、トルーマンは次の有名な言葉で演説を締めくくった。「武装した少数者または外部の圧力による征服の試みに抵抗している自由な諸国民を支援するのが、アメリカの政策でなければなりません」。この驚くほど無制限なアメリカの対外関与の誓約はまもなくトルーマン・ドクトリンと呼ばれるようになった。

を展開することについて、国民と議会から同意を得ようとしたのだ。したがって、トルーマン・ドクトリンは、地政学的な冷戦の開始宣言であったと同時に、イデオロギー的な冷戦の開始宣言でもあった。しかしそこには多くの曖昧さが残っており、しかも、それは冷戦時代を通じて変わらなかった。厳密に見た場合、こうしたアメリカの全面的関与を正当化するような脅威の本質とはいったい何だったのだろうか。ソ連の力が増大する可能性だったのか。それとも、アメリカの価値観と相反する思想が拡散することだったのか。実のところ、アメリカ人の思考の中では、このような、全く異なる二つの危険性が、気づかれることがないまま融合していたのである。

この画期的なトルーマン演説の三カ月後に、アメリカは、外交攻勢の第二弾を発表した。ハーヴァード大学の卒業式での演説でジョージ・マーシャル国務長官が、互いに協力して復興努力に取り組む意欲のある、すべてのヨーロッパ諸国に対してアメリカが支援することを約束したのだ。まもなくマーシャル・プランと呼ばれるようになったこの援助計画によって、アメリカは、戦後ヨーロッパにおける左翼勢力の台頭を助長していた飢餓や貧困、退廃的なムードと戦おうとしていた。こうした状況は、復興の遅れによってもたらされ、さらに、過去八〇年間で最も寒い冬が到来したことによって悪化していた。イギリス外相アーネスト・ベヴィンとフランス外相ジョルジュ・ビドーは、マーシャルの提案を即座に、しかも熱狂的に受け入れ、マーシャル・プランに関心を持つヨーロッパ諸国の会議を組織した。そして、すぐに同会議では、アメリカが提案した支援計画を運営するための基本原則が練り上げられた。英仏をはじめとする西ヨーロッパ各国の政府は、深刻な経済問題を緩和し、各国の共産党に対抗して、ソ連の勢力拡大を阻止するための絶好のチャンスが到来したと判断した。ヨーロッパ人は脅威に関する理解において、アメリカ人よりもイデオロギーに執着しない傾向が強かった。しかし、それでも西ヨーロッパ諸国政府は、戦後の環境に内在する危険に関して、多くの点でトルーマン政権と懸念を共有していたのである。西ヨーロッパ各国の指導者は、戦後ヨーロッパに対するアメリカのより積極的な政策とそのプレゼンスの強化を素直に歓迎し、それを招き入れた。なぜならそれが、ヨーロッパ自身の経済的、政治的、安全保障上の必要性と合致するものだったからである。マーシャル・プランによって、最終的には、西ヨーロッパに対して一三〇億ドルの支援が行われ、経済復興の活性化やヨーロッパの経済統合の促進、アメリカ製品にとって重要な市場の回復を後押しすることになった。スターリンは、このヨーロッパ復興計画が、衛星国に対するソ連の支配力を削ぐために利用されることを恐れていた。そのため彼は、東ヨーロッパ諸国がこの支援プログラムに参加することを認めなかった。そして、ソ連のモロトフ外相は、マーシャル・プランは「ヨーロッパを二分するものだ」という厳しい警告を残して、パリで開催されたヨーロッパ復興計画の組織会議を退席した。

対独政策の決定的な転換もまた、トルーマン政権の外交攻勢の重要な一部であった。アメリカ政府の政策決定者たちは、ドイツの西側占領地域をマーシャル・プランに組み込むことが、その成功に欠かせないと考えていた。ドイツの産業と資源は、ヨーロッパの経済成長に不可欠なエンジンだったからである。マーシャル・プランが発表される前からアメリカは、米英両国の占領地域を統合し、そこでの石炭生産の増大を図っていた。アメリカの政策決定者たちは、世界の平和と繁栄はもちろん、アメリカ自身の安全と経済的繁栄も、ヨーロッパの経済復興にかかっていると確信していた。そして、この二つの重要な政策目標を達成するためには、強力かつ経済的に復興したドイツが不可欠だと判断していたのだ。しかしこの政策目標が、最も重要であったドイツ問題をめぐって、ソ連と外交的に妥協することを難しくしたのである。マーシャル国務長官がヨーロッパ復興計画にドイツを含めるべきだと主張したことが、ドイツに関する四カ国合意の長期的展望を実質的に消滅させ、さらには、一九四七年一一月に開催された外相理事会の決裂という痛恨の結果を直接導くことになった。あるアメリカ国務省高官は、「アメリカは、ソ連が同意するような条件でのドイツ統一を望んでいないし、また受け入れる意図もない」ことを非公式には認めていた。もしドイツが統一された場合、長期的には再びソ連と提携するか、もしくは、中立主義的な立場をとる可能性があったが、そのいずれも西側にとっては望ましくなかった。そうしたリスクを冒すよりも、ドイツ分断のほうが望ましいと考えた米英仏は、一九四八年初頭、独立した西ドイツ国家建設に向けて第一歩を踏み出した。駐ソ連イギリス大使のインヴァーチャペル卿が正しく観察していたように、アメリカは「ドイツを分割し、それぞれの部分が、対立する東西陣営の勢力圏に吸収されることのほうが、覇権的な地位を拡大しつつあるソ連との国境沿いに緩衝地帯を設けるよりも望ましい」と考えていたのである。

スターリンは、ドイツの再興に対する懸念を頻繁に口にしていたから、こうした西側の政策がソ連の激しい反発を引き起こすことは確実だった。アメリカの政策決定者たちもソ連の反発を予想していたし、実際に事態はその通りに展開した。一九四七年九月にポーランドで開催された会議において、ソ連は共産党・労働者党情報局（コミンフォルム）を設立した。東ヨーロッパの衛星国および西ヨーロッパの共産党に対する支配を強化することがその目的であった。ソ連代表団を率いたアンドレイ・ジダーノフは、マーシャル・プランは「ソ連攻撃の拠点」となる、西側同盟形成のための共同戦略の一環だとして公然と非難し、世界はいまや「二つの陣営」に分断されたと述べた。その後、一九四八年二月にチェコスロヴァキアでは、ソ連を後ろ盾とするクーデターが発生した。その結果、非共産主義者の閣僚は全員解任され、尊敬を集めていた外相ヤン・マサリクはその直後にきわめて不自然な状況の中で死亡した。ハンガリー国内の非共産主義者に対する激しい弾圧や、チェコスロヴァキアのクーデターは、共産主義陣営内部においてソ連が抑圧的な姿勢を強めていく予兆であり、ヨーロッパの東西分断を促すものであった。

そして、一九四八年六月二四日、スターリンはついに鉄槌を振り下ろした。米英仏による西ドイツの復興・強化への対抗策として、ソ連は突然、西側諸国が陸路で西ベルリンに通行することを禁止したのである。西ベルリンは、ソ連占領下にある東ドイツの二〇〇キロメートル内陸に位置し、東西に分割されたベルリン市の中にある西側占領地であった。スターリンは、西ベルリンを孤立させることで敵の脆弱な部分に圧力をかけ、彼が非常に恐れていた西ドイツ国家の建設を阻止しようとしたのである。こうしたソ連の動きに対して、トルーマン大統領は、陸の孤島と化した西ベルリンの市民二〇〇万人に二四時間態勢で物資と燃料を空輸することで対抗した。このベルリン空輸は、冷戦初期のエピソードの中で、最も有名かつ緊迫感に満ちたものであった。結局、一九四九年五月にスターリンは封鎖を中止した。ソ連によるベルリン封鎖は、アメリカの空輸によってその効果を失ったのみならず、西側に対する宣伝戦の面でも大きな失敗となった。西側の対独政策に対するソ連側の拙速な対応は、東西分断を深め、アメリカと西ヨーロッパの世論を激高させ、さらには、占領四カ国に受け入れ可能な形でドイツ問題を解決する、わずかに残された希望を打ち砕く結果に終わった。一九四九年九月に西側はドイツ連邦共和国（西ドイツ）を建国し、その一カ月後にはソ連が自らの占領地域にドイツ民主共和国（東ドイツ）を建国した。これによってヨーロッパ冷戦の分断線は、よりはっきりとしたものとなった。東西ドイツの分断は、アメリカの主導する地域とソ連が主導する地域の二つに分割された、より大きなヨーロッパ分断の縮図であった。

多くの西ヨーロッパの外交政策決定者たち、その中でもとりわけ、イギリス外相のアーネスト・ベヴィンは、当時次第に発展しつつあった米欧間のつながりを確固としたものにするためには、大西洋をまたぐ公式の安全保障協定を締結する必要があると確信していた。たくましい体躯を持ち、かつては労働組合を率いた経験もあるベヴィンは、この目的を実現すべく、一九四八年のブリュッセル条約の締結を主導した。イギリス、フランス、オランダ、ベルギー、ルクセンブルクの間で結ばれたこの相互安全保障条約が、より広い西側同盟の基礎となることをベヴィンは望んでいた。ベヴィンが模索していたのは、アメリカを西ヨーロッパ情勢にさらに大きく関与させ、ドイツ復活に対するフランスの懸念を軽減し、さらにソ連を抑止するという、複数の目的を同時に実現するための仕組みであり——ある有名な、不正確とはいえないが非常に露骨な表現を用いれば——「アメリカを引き込み、ソ連を締め出し、ドイツを這いつくばらせておく」ための手段であった。トルーマン政権は、当時展開されつつあった封じ込め戦略に、安全保障上の土台を与えたいと考えていたが、北大西洋条約機構（NATO）は、まさにトルーマン政権とベヴィンが必要としていたものだったのだ。一九四九年四月四日にワシントンで調印されたNATO条約は、ブリュッセル条約の締約国と、イタリア、デンマーク、ノルウェー、ポルトガル、カナダ、アメリカを一つの相互保障条約の参加国へとまとめ上げるものであった。加盟各国は、一国または複数の加盟国が攻撃を受けた場合、それをすべての加盟国に対する攻撃とみなすことに合意した。この合意は、アメリカ外交を特徴づけてきた伝統の一つが歴史的転換を見たことを示すものであった。一八世紀後半にフランスと同盟を結んで以降、初めてアメリカは同盟条約を締結し、自国の安全保障上の必要性と他の主権国家のそれとを密接に結びつけたのである。

アメリカが戦後ヨーロッパで構築した勢力圏――もしくは「帝国」――は、アメリカの野心というよりは、アメリカの恐怖心が生み出したものだった。それはまた、アメリカと西ヨーロッパのエリートたちの利害が収斂した結果でもあった。ノルウェーの歴史家ゲイル・ルンデスタッドは、戦後西ヨーロッパにおけるアメリカの勢力圏を「招かれた帝国」と名付けたが、実際、西ヨーロッパのエリートたちは、この「招かれた帝国」の「共同制作者」であったといって差支えないだろう。このように見た時、東ヨーロッパの大部分で一方的に押し付けられたソ連帝国と、共通する安全保障上の不安及び経済的な必要性から生まれたパートナーシップの結果であったアメリカ帝国の間には、重要な違いが存在していたことがわかる。

互いに敵対しあう二つの勢力圏へとヨーロッパが分断されたことが、冷戦の開始段階における決定的な展開であったことは間違いない。だが、それは物語のほんの一部にすぎない。もし冷戦が、ヨーロッパにおける力と影響力をめぐる争いに限定されたものであったとしたら、物語は実際のそれとは大きく違った展開を見せていただろう。そこで第3章では、第二次大戦後初期に、冷戦の第二の主要な舞台となった、アジアに注目してみたい。

第3章

アジアにおける「熱戦」に向かって

●一九四五〜一九五〇年

アジアは冷戦の第二の主要な舞台となり、冷戦が最初に熱戦へと発展した場所である。第二次世界大戦直後、旧連合国間の対立の焦点としてアジアよりも大きな論争を巻き起こし、アメリカとソ連が注目したのは、もちろんヨーロッパであった。ヨーロッパには、米ソそれぞれにとって、短期および長期の安全保障上の必要性と経済的繁栄の観点から見て死活的に重要な利益が存在していた。前章で述べたように、ドイツが冷戦のスタート地点となって西ヨーロッパにおけるアメリカの勢力圏が発展・強化され、それに対抗してソ連が東ヨーロッパに勢力圏を築いたことが、その開始段階における冷戦の本質をなしていた。しかし、ヨーロッパでのあからさまな衝突は、一九四〇年代後半も、またその後の四〇年間も、回避された。だが、アメリカとソ連が、ヨーロッパほど死活的ではないにせよ、やはり重要な国益を持っていたアジアは、それほど幸運ではなかった。朝鮮とインドシナでは冷戦と関連する紛争によって、最終的に六〇〇万人もの兵士と一般市民が命を落とした。そして一九五〇年六月に勃発した朝鮮戦争こそ、アメリカと共産主義勢力の間に最初の直接的な軍事対決を引き起こし、冷戦を世界規模の闘争へと変化させた事件だったのだ。

1　日本——宿敵から冷戦の同盟国へ

第二次世界大戦は広大なアジア大陸全域に大きな変化を引き起こした。戦争初期の数カ月間で日本はシンガポール、マラヤ、ビルマ、フィリピン、オランダ領東インド、フランス領インドシナを次々と征服するという驚くべき動きを見せた。この日本の攻勢は、少なくとも一時的には、東アジアにおける欧米の植民地体制を揺るがせ、また欧米による支配が究極的なところで依拠していた白人の人種的優位の神話を破壊した。当時のあるオーストラリア人外交官は「極東におけるイギリス帝国はその威信を拠り所としていたが、その威信は完全に打ち砕かれた」と述べている。続いて、日本がイギリス、フランス、オランダ、アメリカの植民地を占領し、それを「アジア人のためのアジア」という、利己的とはいえ効果的なスローガンで正当化したことから、アジアの人々の民族主義的な意識の高まりは加速された。また、こうした日本の動きは、第二次大戦終盤に民族主義的革命が噴出する舞台を設定することにもなった。一九四五年八月一四日に日本が突然降伏し、東南アジアには権力の空白が発生した。野心を抱く民族主義者たちは、日本と欧米の支配にとって代わる独自の政治体制を早急に構築したいと考えていたが、日本降伏後に権力の空白が生じたことで、彼らは、新しい政治体制に対する大衆の支持を組織・動員し、勝ち獲るための時間を手にすることができた。

アジアやその他の第三世界の人々が第二次世界大戦後に開始した、国民の自由と独立を賭けた勇壮な闘争は、二〇世紀の最も力強い歴史の動きに数えられる。ただし、次の点を強調しておく必要がある。この闘争は、米ソが展開したパワーと影響力をめぐる競争と一時的に時期が重なったとはいえ、全く異なるものであったこと、そして、この闘争は、冷戦があってもなくても間違いなく生じていたことである。しかし米ソ冷戦は発生し、その全体的な特質が不可避的に、第三世界における民族主義的な闘争の性質や速度、そして最終的な結果に影響を与えることになった。アジアにおいてもその他の地域においても、脱植民地化と冷戦は分かちがたく結びつき、互いに影響を与え合うことが運命づけられていたのである。

戦後時代の幕が開いた時、アメリカもソ連も、東アジアの旧秩序が太平洋戦争で致命的に破壊されたとは認識していなかったし、また、戦争が解き放った民族主義的な潮流がアジアの社会に及ぼした根本的な変化の大きさについても、正しく評価していなかったようだ。東アジアにおいて、ソ連は当初、持ち前の機会主義的ではあるが慎重な政策を追求していたが、これは戦後ヨーロッパにおけるその行動方針と完全に一致していた。スターリンは、帝政ロシア時代の全領土の奪還や、満洲と外モンゴルにおける経済的な権益の再構築、六六八〇キロメートルにわたる中ソ国境沿いの安全保障の確立といった目的を追求していた。こうした目的を実現するためには、中国と友好関係を維持しつつ、その弱体化を図り、可能であれば中国を分断することが必要であった。そうすることで西側との大規模な衝突を避け、かつ、現地の共産党の革命に向けた衝動を抑えるのである。他方、アメリカは、さらに広範で野心的な外交政策を展開したが、それは日本を弱体化させ、太平洋をアメリカの内海とし、中国を信頼できる安定した同盟国に仕立て上げ、そして植民地問題の穏便な解決を促すことで可能となるのであった。

しかしアメリカの政策決定者たちは、何よりもまず、日本が再び地域の平和を脅かすような存在になることを絶対に許してはならないと考えていた。そのためアメリカは、戦後日本の占領と再編をアメリカが単独で実施するとの決意を固めていた。アメリカの目指すところは明確かつ野心的であった。アメリカのパワーを用いて、軍国主義の痕跡を一掃し、自由で民主的な制度の構築を促して、日本社会を作り変えるのである。そしてこの目標は見事に達成された。尊大な性格の持ち主であったダグラス・マッカーサー連合国軍最高司令官の指導のもと、アメリカの占領体制によって広範な一連の改革が実施された。徹底的な土地改革が開始され、団体交渉権と労働組合の設置を認めた労働諸法が議会で成立した。教育改革が行われ、女性に対しても平等な権利が付与された。一九四七年五月に新たに施行された日本国憲法は、戦争放棄と戦力保持の禁止を正式に謳い、法の支配のもとで、国民によって選ばれた代表による民主的な統治システムを確立するための原則を規定した。ある歴史家の言葉を借りれば、アメリカによる日本の占領改革は「外部勢力の指導によって実施された大規模な政治的変革のうち、おそらくは、世界史上最も微に入り細をうがった計画に沿って実施されたもの」であった。米英仏ソ四カ国の直接統治のもとにおかれ、行政的・政治的目的のために東西に分断されたドイツとは異なり、日本占領はアメリカ単独で実施された。その意志を実現するに際してアメリカは、現実主義的な日本の政府官僚組織と緊密に協力することを好んだ。そのためアメリカは間接統治を行ったのだ。もちろん――この点でもまたドイツとは対照的なことに――主権を持つ国家的な存在としての日本も手つかずのまま残されることになった。

このような顕著な違いがあったにもかかわらず、アメリカ政府は、とくに一九四七年以降、基本的には日本を「アジアの（西）ドイツ」として扱うようになった。つまり進んだ産業インフラと熟練した労働力、優れた技術力を有する日本は、アメリカにとって、地域経済の成長に不可欠なエンジンであり、また冷戦において莫大な価値を持つ戦略的資産であった。ヨーロッパで東西間の緊張が高まりつつあるなか、アメリカの対日占領の焦点は、旧敵国たる日本の改革と非軍事化から、その急速な経済復興の促進へと移っていった。アメリカの政策決定者たちは、戦後ヨーロッパにおけるドイツと同様、安定的で経済的に活力があり、そして親米的な日本を形成することが、戦後アジアにおけるアメリカの全般的な政策目標にとって不可欠だと判断していた。日独いずれの場合においても、地政学的な目標と経済的な目標は、継ぎ目のない網目のように密接に関連づけられていたのだ。アメリカの政策決定者たちは、東アジアの経済復興の牽引役となりうる潜在力を備え、また本質的な戦略的価値を有した日本を、アジアで最も重要な国とみなしていた。一九四七年以降、トルーマン政権のアジア政策の最も重要な目的は、政治的に安定し、経済的に繁栄した日本を西側へと引き寄せることであった。アメリカ統合参謀本部はトルーマン大統領に対して、「日本が共産主義の影響下に入った場合、ソ連はその国力の二五パーセントに相当する戦争遂行能力を、さらに獲得するだろう」と警告していた。また、一九四九年一二月にはディーン・アチソン国務長官も、次のように論じて東西間の全般的な勢力関係における日本の戦略的重要性を指摘している。「日本が共産主義陣営に加わったと仮定した場合、ソ連は世界の勢力均衡を大きく塗り替えるだけの熟練した労働力と潜在的な産業力を獲得するに至るだろう」。

こうした重大なリスクが予測されたことから、日本を外部の共産主義の脅威から守り、同時に、日本国内において共産主義の伝播を予防することが、アジアにおけるアメリカの最優先課題であるという立場で政策決定者たちは一致していた。しかし対日占領の初期に著しい成果を上げていたにもかかわらず、アメリカの政策決定者たちは依然として将来に対する懸念を払拭できなかった。とくに彼らは、東シナ海の向こう側での出来事が、日本を復興させ、かつ西側にしっかりと組み込むことを難しくするのではないかと危惧していた。一九四〇年代後半までに中国では、打ち続く内戦の中で共産主義勢力が有利な立場に立つようになっていた。そのためアメリカの情報関係者たちは、伝統的に主たる海外市場としての中国に依存してきた日本は、そのうち共産主義陣営へと引き込まれるのではないかと懸念していたのだ。日本の吉田茂首相が述べたように、結局のところ「赤かろうが、緑であろうが、中国が日本にとっての市場であることは当然」だった。今後の日本が進む方向と、中国の将来は、容易に切り離すことができない問題だったのである。

2　中国における共産主義の勝利

一九四九年一〇月一日の中華人民共和国の建国宣言は、毛沢東をはじめとする中国共産主義運動の指導者たちにとって、大きな勝利を意味するものであった。というのも彼らは、その二〇年前、蔣介石率いる与党国民党に大敗し、追跡の対象となり、そして消滅寸前まで追い込まれていたからである。しかし中国建国が持った意味はそれだけではなかった。それは、冷戦の性質とその戦場を根本的に変化させ、戦略的にもイデオロギー的にも、また国内政治においても重要な影響を与えたのだ。

第二次世界大戦中、アメリカのローズヴェルト政権は、巨額の軍事・経済支援を行って蔣介石が率いる中華民国政府を強化しようとしてきた。しかし蔣介石は、より多くの援助を求め、満足する様子を見せなかった。ローズヴェルトには中国軍を効果的な抗日武装勢力にすると同時に、蔣介石政権を、戦後アジア情勢を安定化させ、勢力均衡を維持する役割を担いうる、信頼できるアメリカの同盟国に転換したいと考えていた。こうした目的を果たすべく、ローズヴェルトは一九四三年にエジプトのカイロで蔣介石と会談したのであるが、その前後にイランの首都テヘランで開催された三巨頭会談に蔣介石は招かれてはいなかった。カイロ会談の際にローズヴェルトは、中国は世界大国であると持ち上げ、蔣介石に取り入ろうとした。その後ローズヴェルトは、中国は、アメリカ、ソ連、イギリスと並ぶ「四人の警察官」の一人として、戦後の平和維持に貢献する立場にあると述べてもいる。ローズヴェルトが、このように中国を持ち上げたのは、さまざまな思惑からであった。米中関係の強化を目指していたことに加えて、蔣介石が要求していた更なる物的支援を、アメリカが拒否したことを埋め合わせたり、中国の参戦を維持して、日中間の単独講和締結という悲劇が起こるのを阻止したりすることなどもその目的だった。しかしローズヴェルトが象徴的な外交パフォーマンスを行っても、大戦中に国民政府の首都であった重慶にアメリカが定期的に軍事・外交使節団を派遣しても、蔣介石の軍隊に実効的な軍事的貢献を行わせることはできなかった。

一九四四年までにアメリカの政策決定者たちは、腐敗と賄賂の蔓延を許す無能な蔣介石政権が長期的に成功する可能性を、見限りつつあった。一方、国民政府の側では、自らの存続に対する主要な脅威は、日本ではなく、中国内の共産主義勢力だと確信するようになっていた。なぜなら、中国がアメリカに対して大規模な支援を行うか否かにかかわらず、同盟国アメリカが日本を打倒することは確実だったからである。一方、日本による占領期間中に毛沢東の優秀なリーダーシップのもと、中国の共産主義勢力は恐るべき軍事的・政治的勢力へと成長し、中国北部および中部の大部分を支配するようになっていた。蔣介石と彼の側近たちは、日本軍による侵略と戦うために人員と物資を割くのではなく、戦後必ず訪れると予想された共産主義勢力との対決に備えて、貴重な資源を節約することを選んだのである。

一九四五年二月のヤルタ会談でローズヴェルトは、アメリカの対中政策をめぐるジレンマを、異例

中国の指導者、中国共産党主席の毛沢東（© Corbis）。

の手段を用いて解決することを模索した。対日戦に消極的な蔣介石に完全に幻滅していたローズヴェルトは、ヨーロッパでの戦闘が終結してから三カ月以内に、ソ連が対日参戦するとの確約を得ることに成功した。スターリンが求めた代償——ソ連による、満洲と外モンゴルにおける帝政ロシア時代の利権の再獲得を支援するというローズヴェルトの約束——はローズヴェルトにとっては納得できるものだった。太平洋戦争の結末はきわめて悲惨な流血の事態になると予想されており、それゆえローズヴェルトは、ソ連参戦によってアメリカ人の死者数を最小限に抑えることを重視していた。八月一四日には中ソ友好同盟条約が締結され、この条約の中で蔣介石は、自らが率いる政府の法的主権をソ連が承認することと引き換えに、ソ連の利権を認めることに同意した。

このような状況のもとで、中国の共産主義者たちが、彼らが同じイデオロギーを共有する同志と考えていたソ連の共産主義者たちに裏切られた、と感じたのも無理からぬところであった。スターリンが、ソ連の国益に関する打算を、共産主義革命の同志たちが掲げていた大義に対する感情的な思い入れよりも優先したことは明らかだった。実際、スターリンにとっては、統治するのが誰であろうと、強く、統一された中国よりも、弱く、分裂した中国のほうが望ましかった。中国の激しい民族主義勢力が権力を握った場合、すべての中国領に対する主権を主張し、スターリンが切望していた勢力圏を脅かすことになるかもしれない。このような懸念からスターリンは、中国の共産主義者たちがソ連に依存し、従属し続けるような状況を維持したいと考えていた。その一方、リスクを冒すことを嫌がる性格であったスターリンは、アメリカを挑発することも避けたいと考えていた。事実、スターリンは、一九四五年八月にソ連軍を中国東北部に進出させて満洲を占領し、満洲その他の国境地帯において新たに獲得した商業上の権益を確保したことで満足していた。スターリンにとって毛沢東は、「マーガリンのような、まがい物」の共産主義者一派を率いる、やっかいで御しがたい新参者に過ぎなかった。それゆえ毛沢東の望みは、ソ連本国の利益よりも後回しにされたのである。

日本が降伏した後、中国の政治情勢は次第に悪化していった。蔣介石と同じく、毛沢東も、共産党と国民党が真の和平を達成できる公算はきわめて低く、内戦は不可避だ、と読んでいた。八月一一日に出された共産党内部の指令において、毛沢東は、「内戦に備えるべく、力を結集する」よう、党幹部と軍指導部に命じた。一九四五年秋には、共産党軍と国民党軍が中国東北部で衝突し、共産党軍を駆逐するために蔣介石は、アメリカ製の装備と輸送車両を使って激しい攻撃を展開した。こうして、統一された、平和で親米的な中国を実現したいというアメリカの希望は確実にしぼんでいった。中国に駐留していた米軍小隊の司令官であったアルバート・ウェデマイヤー将軍は、蔣介石を徹底的に支援するようアメリカ政府に働きかけた。ウェデマイヤーは次のような見立てを示している。「もし中国がソ連の傀儡国家になるようなことになれば――それが中国共産党の勝利がまさに意味するところであるが――ソ連がヨーロッパ大陸とアジア大陸を実質的に支配することになるだろう」。しかし、アメリカ政府内部には、こうした悲観的な見方に反論する向きもあった。蔣介石が中国共産党を軍事的に敗北させることはできないから、共産党と国民党の交渉で和平を達成するより他には、内戦を回避する方法はない。内戦が発生すれば中国が不安定化することは確実であるから、アメリカの政策目標に重大な損害をもたらす。こうした考えに基づいて、蔣介石は共産党を打倒するのではなく、共産党と妥協する必要があると主張する者もアメリカ政府内部には存在した。そして一九四五年末にトルーマン大統領は、当時アメリカで最も尊敬され、かつ優れた軍人であったジョージ・マーシャル将軍を、国民党と共産党の内戦を平和的に解決するための調停役として中国に派遣したのである。

一九四六年初頭にマーシャルは、一時的な停戦の実現に成功したが、すぐにそれは破綻することになった。蔣介石と毛沢東を互いに妥協させ和解を図るというマーシャルの試みは、究極的には、共産党と国民党の双方が参加する連立政権において、両党が権力を共有することが可能なはずだという幻想に基づくものであった。マーシャルは中立的な立場を維持したが、互いに相手を信頼せず、権力を共有するつもりもない共産党と国民党との間にはどうしようもなく深い溝があったため、彼の試みは失敗に終わった。一九四六年の末までにマーシャルは、この対立を解決する手段は武力しかなく、おそらく蔣介石に勝ち目はないとの結論に至ったが、この見立ては正しかった。トルーマン政権は蔣介石政権に対する支援を続けており、それは日本の降伏から一九五〇年までの間に総額二八億ドルにのぼった。だがそれは、アメリカの支援がなければ、劣勢にある国民党軍が挽回を図ることができないという考えに基づいて行われたものではなかった。むしろ、それは議会とメディアの中国国民党支持者（いわゆる中国ロビー）による攻撃から、トルーマン政権の政治的立場を守るためのものであった。

一九四八年末までに国民党は敗北し、蔣介石とその側近たちは中国本土から台湾へと逃亡した。一九四九年一〇月に毛沢東は、北京の天安門で中華人民共和国の建国を劇的に宣言したが、このことは単に、多くの専門家たちによって、ずっと以前から予想されていた結末が公式のものとなったことを意味したにすぎなかった。

中国内戦における共産党の勝利は、基本的には、中国国内のさまざまな潮流が複合的に作用した結果であった。しかし、それは不可避的に、冷戦に対しても大きな影響を与えた。アメリカと蔣介石の関係は不安定で、互いに対する不信感に満ちていたし、ソ連と毛沢東の関係も同様であった。しかし、それでもアメリカが支援する国民政府が、ソ連が支援する共産主義運動の前に敗北を喫したのである。中国での事態の展開に関心を持っていたアジアやヨーロッパ、その他の地域の第三国は、中国内戦の結末は西側にとって大きな敗北であり、反対に、ソ連と世界の共産主義にとって歴史的な勝利だという評価をすぐに下した。またアメリカ国内には、トルーマン政権が、裏切りとは言わないまでも、熟慮の足りない政策によって中国を喪失させたと批判していた勢力がいたが、こうした人々の見方も同様であった。一方、トルーマン政権の政策決定者たちは、中国共産党の勝利は、アメリカにとって大きな蹉跌ではあったものの、戦略上の大失敗ではないと判断して、その結果をある程度冷静に受け止めていた。第一に、ディーン・アチソン国務長官とその側近たちは、戦争によって破壊され貧困にあえぐ中国を――少なくとも当面の間――世界の勢力均衡において決定的に重要な国だと考えてはいなかった。そのため、中国におけるアメリカの利害は、ヨーロッパや日本はもとより、中東におけるそれと比べてすら、同じような重要性を持つものではなかったのである。第二に彼らは、共産主義体制下の中国が、必ずしも、統一された中ソ・反米ブロック勢力へと変化していくとは限らないと結論づけていた。外交戦略に携わるアメリカ政府高官たちは、スターリンのソ連と毛沢東の中国は、互いに対立する地政学的な野心を持っているから、それが両国間に強い結束が発展する可能性を阻害するとも考えていた。そして最後に、アチソンとその側近たちは、中国は喉から手が出るほど経済支援を必要としているため、そのことがアメリカにとっては、中ソ二つの共産主義勢力の間にくさびを打ち込む好機となると考えていたのである。

歴史家の中には、この重要な局面でアメリカは、中国と友好的、もしくは少なくとも実務的な関係を築くための好機を逃したと考える者もいる。実際、中国共産党政府の内部には、復興に必要な支援を獲得し、ソ連に対する過剰な依存を避けるため、アメリカと前向きな関係を築いたほうがいいと考える勢力もいた。一方アメリカ側のアチソン国務長官は、国民党の敗北で生じた「混乱が収まれば」、アメリカ政府は北京政府を外交的に承認し、内戦で損なわれたアメリカの利益をいくらかでも救い上げることができると考えていた。しかし近年公開された中国側の証拠資料を見れば、そのような「失われたチャンス」が実際には存在していなかったことが明らかである。毛沢東は、中国を立て直そうという決意——長期にわたって中国を蹂躙してきた欧米の帝国主義勢力に対する激しい怒りがそこに油を注いでいた——に突き動かされていたし、国内では、自身の大きな革命的な野心に対して一般国民の支持を取り付けるため、外敵を必要としていた。それゆえ、毛沢東は自然にソ連陣営へと傾いていったのだ。また毛沢東が、アメリカに対して中国側から和解を申し出るべきであるという部下の提案を、ことごとく拒否したのもそのためである。そのかわりに毛沢東は一九四九年一二月にモスクワを訪問した。そして依然として［中ソ関係の拡大に］慎重な姿勢を崩さなかったスターリンから冷淡な処遇を受けながらも、中ソ友好同盟相互援助条約に関する交渉にこぎつけた。この中ソ条約は、どちらか一方が第三国から攻撃を受けた場合、もう一方が援護に駆けつけることを義務づけるものであった。この条約はおそらく、この時までにはすでにアジアにしっかりと根をはっていた冷戦の存在を、最も不吉な形で象徴するものだったといえるだろう。

3　東南アジアに拡大する冷戦

中国の内戦と同じように、戦後の東南アジアにおける独立闘争も、複雑に冷戦と絡み合うようになっていった。現地の民族主義勢力とヨーロッパの植民地主義国は、いずれも、東西対立を煽ることで国際的な正統性と外部からの支援を得ようとしていた。すなわち、それぞれの行動の大義に冷戦という衣をまとわせることで、米ソ超大国のどちらかから外交上および物理的な支援を引き出そうとしたのである。その結果、こうした地域レベルの対立が「グローバル化」していくことは、冷戦時代を通じて共通する一つのパターンとなっていった。米ソはいずれも当初、東南アジアに死活的な国益が存在しているとは考えていなかったし、東南アジアという世界の僻地における権力闘争と、より重要なヨーロッパにおける外交的対立の間に、意味のある関係性が存在するとも考えていなかった。しかし、東南アジア情勢とヨーロッパ情勢を切り離して考えることは、それほど簡単ではなかった。そして中国共産党の勝利と相まって、一九四〇年代後半までに米ソは、東南アジアを東西対立のもう一つの重要な舞台と見るようになっていった。

第二次世界大戦前のソ連は、全く東南アジアのことを注視していなかった。しかも、共産主義者が主導する勢力か否かを問わず、東南アジアの反西側的な革命勢力と提携すれば地政学的な利益を享受できるとソ連が認めるまでには、驚くほど時間がかかった。一方、ソ連と同様に、終戦直後のアメリカも東南アジアにはほとんど注目していなかった。一九四六年七月にアメリカは、大きな混乱を引き起こすことなくフィリピンの親米独立政府に主権を移譲し、大戦後にすばやく東南アジアの植民地を手放した。しかしアメリカが、太平洋全域に強力な海軍力及び空軍力を展開することが可能になるような、広大な基地の設置権を要求し、目に見える形でフィリピンにプレゼンスを維持したことも、また確かである。ただし、これらの軍事基地の確保に加えて、他の諸地域と同じように、この地域でも平和と安定、そして開放的な貿易体制を維持したいという一般的な希望を抱いていたことを除けば、東南アジアに対するアメリカの関心は最低限のものでしかなかったようである。

トルーマン政権は、イギリス、フランス、オランダに対して、フィリピンにおけるアメリカの事例に追従するよう働きかけた。それは、各国が保持していた民政上の権限を現地の親西側エリート層へと徐々に移譲しつつ、かつての植民地における商業上、安全保障上、政治上の影響力をある程度維持するというものであった。これこそが、他の地域と同じく、東南アジアにおいてアメリカの国益を確保するために必要な、長期的な平和と繁栄の実現に最も適した方法だとアメリカの政策決定者は考えたのである。クレメント・アトリー首相率いる進歩的な労働党政権のイギリスも、アメリカと同じ政策を採用し、アジアの植民地の大部分において権限を平和的に移譲する方法について交渉した。その結果、インドとパキスタンは一九四七年に、ビルマとセイロンは一九四八年に独立を果たした。これに対してフランスとオランダは、インドシナおよび東インド（どちらも戦時中は日本の占領下にあった）に対する支配権を奪還したいと考えていた。仏蘭両国は、米英がもはや覆すことができない歴史の力と認識していたものに従おうとしなかった。そして、そのことが無用な流血の事態を招いたのみならず、戦後初期に発生し、最も激しいものとなった二つの脱植民地化闘争に、冷戦特有の色彩を加えたのである。

アメリカは当初、フランス・ヴェトナム間、オランダ・インドネシア間の争いに対して、表向きには公平中立の姿勢を維持するよう努めていた。ヨーロッパの植民地主義勢力とアジアの民族主義勢力のいずれに対しても一定の影響力を維持しつつ、そのどちらとも可能な限り関係を悪化させないように、アメリカは腐心した。しかし実のところトルーマン政権は、最初からヨーロッパの同盟国の側に立っていた。フランスとオランダはその頃できあがりつつあった反ソ連合にとって非常に重要な国であり、反植民地主義の旗を振ることで関係を悪化させることはできないと考えていた。それぞれヴェトナムとインドネシアの民族主義運動の指導者であったホー・チ・ミンとスカルノは、民族自決を支持するという、第二次大戦中にアメリカが行った宣言を根拠として、アメリカに支援を訴えた。しかしアメリカがその訴えを無視したことに、二人は大きく失望した。そして彼らが打倒しようとしてい

ホー・チ・ミン

ヴェトナムの伝説的な民族主義運動の指導者であるホー・チ・ミンは、1890年に比較的裕福な、教養のあるヴェトナム人の家庭に生まれた。フランスの植民地体制のために働くことを望まなかったホー・チ・ミンは、1912年にヴェトナムを出て、最終的にパリのヴェトナム人亡命者が住む地域に落ち着いた。1920年にフランス共産党に入党した彼は、ソ連でイデオロギーと組織運営の訓練を受け、1920年代から1930年代にかけて共産主義インターナショナル（コミンテルン）の運動家として活動し、1930年にはインドシナ共産党を結党した。1941年に約30年ぶりに母国ヴェトナムに戻ったホー・チ・ミンは、フランスおよび日本の支配に代わる民族主義組織としてヴェトナム独立同盟（ヴェトミン）を結成した。そして日本の降伏からまもない1945年9月2日にヴェトナム民主共和国の建国を宣言した。

た帝国主義的な支配者を、アメリカが間接的に支援したことに激しく怒ったのである。

一九四八年から一九四九年にかけて、東南アジアの外側で、相互に関連する一連の出来事が発生した。そして、それが東南アジア情勢に関するアメリカ政府の懸念を高め、アメリカがこの地域への関与を深めていくきっかけとなった。インドシナと東インド諸島における激しい植民地紛争は、同じ時期に英領マラヤで発生した共産主義者による反乱と相まって、西ヨーロッパ復興の重大な障害となった。東南アジアの一次産品は伝統的に、イギリス、フランス、オランダに経済的な活力をもたらし、「外貨である」ドル獲得に大きく貢献してきた。しかし、不安定な東南アジア情勢はそのような経済面でのメリットの妨げとなったばかりでなく、冷戦を戦うアメリカが最優先事項としていた、マーシャル・プランと、設立されたばかりのNATOが必要とする資金、資源、人員を吸いとってしまった。アメリカの政策決定者はまた、東南アジアの政情不安と、それに起因する経済の低迷が、日本の復興を妨げているとも信じていた。日本が経済的に生き残るためには海外市場が必要であった。しかし、共産党による中国支配が確立すると、アメリカの政策決定者たちは、戦前の日本にとって最大の市場であった中国本土と日本の間で貿易が行われるのを妨げようとした。緊密な商業上の関係が日本と中国を政治的に結びつけてしまうことを彼らは懸念していたのである。東南アジアを日本にとって中国の代替市場とすることは、日本の輸出をめぐるジレンマを解消するうえで最も有望な答えのように見えた。しかしその前に、まず、東南アジアの政治的・経済的混乱を鎮めなければならなかった。アジアで最大の人口を抱える中国に共産主義体制が出現したこともまた、アメリカにより積極的な対東南アジア政策をとらせた大きな要因であった。情報分析に携わるアメリカの専門家たちは、中国の拡張主義的な傾向を懸念していた。たとえば、中国が軍事力を行使して東南アジア各地を支配する可能性や、革命を狙う反乱勢力を支援する危険性などが脅威として受け止められた。こうした問題に対応するために、アメリカは、東南アジア情勢の安定化と中国の封じ込めを同時に目的とする、一連の新たな政策を打ち出した。その中で最も重要なのは、アメリカがインドシナ戦争に対する準中立政策を放棄し、フランスに対する支持を公に表明したことであった。具体的には、フランスが樹立した、バオ・ダイ前皇帝を元首とする傀儡政権を一九五〇年二月に公式に承認し、直接の軍事支援を約束したのだ。トルーマン政権はまた、マラヤにおいて共産主義者の反乱勢力と戦闘を続けていたイギリス軍への支援も強化した。アメリカはさらに、ビルマ、タイ、フィリピン、インドネシア各国政府への経済・技術支援も約束した。インドネシアはオランダとの激しい戦いを経て一九四九年一二月に独立を達成したが、そこにはアメリカが準中立的な立場を放棄したという要因も絡んでいた。ただし、この場合、準中立的な立場の放棄とは、穏健で非共産主義的な民族主義運動に見える勢力を承認するよう、アメリカがオランダに対して圧力をかけることを意味した。

アメリカが危険だと認識した地域は、ソ連にはチャンスが転がっていると見える地域であった。毛沢東、スターリン、ホー・チ・ミンが共同戦線を張ることができたのは、彼らが強い友愛の絆と似通った利害認識を持っていたからである。ホー・チ・ミンは、コミンテルンで幅広い活動に従事し、抜群の信用を誇るヴェトナム人愛国者であり、三〇年来の共産主義者であった。そのホー・チ・ミンが一九五〇年一月に北京を極秘訪問したのは、中国の新指導部から外交的承認と物的支援を取り付けるためであった。翌月にホー・チ・ミンはソ連を訪問し、スターリンと毛沢東（中ソ同盟条約について交渉するため、当時モスクワを訪問していた）に支援を要請した。ホー・チ・ミンの努力は結実し、一九五〇年初めに中ソは、建国後まもないヴェトナム民主共和国を公式に外交承認した。その後まもなく、毛沢東はヴェトミン兵に対する武器と訓練の供与も許可した。ヴェトナムの共産主義を強化することは、中国の南部国境の安全防備を図り、アメリカおよびその同盟国の脅威を減少させ、アジアの反帝国主義闘争において中国が中心的な役割を果たす助けとなる、と毛沢東は考えていた。毛沢東は中国軍事顧問団を組織してヴェトナム北部に派遣し、フランスに抵抗するヴェトミンの組織化を支援し、ヴェトミンの軍事戦略全般に対して専門技術を提供した。一九五〇年六月に朝鮮戦争が開始されると、フランスの軍事活動に対するアメリカの関心と支援は拡大していったが、それと同じく、朝鮮戦争勃発後、ヴェトミンの理想に対する毛沢東の関心と支援も強化されていったのだ。

4　朝鮮戦争

一九五〇年六月二五日の早朝、一四〇〇台以上の大砲と一二六台の戦車で武装した約十万人の北朝鮮軍兵士が北緯三八度線を越えて韓国に進軍した。この北朝鮮による予想外の侵略は、アジアのみならず世界全体において、冷戦が危険な新しい段階に突入したことを告げる出来事だった。トルーマン政権にとって、北朝鮮の南進がソ連と中国の支援がなければ不可能であることは明白であったし――これが正しい評価であったことは、近年利用可能になった新しい証拠資料でも裏付けられている――また同政権は、この戦争は共産主義勢力による、より大胆で攻撃的な世界規模の侵略の前触れだと確信してもいた。そのためアメリカは、精力的にこの事態に対応したのである。北朝鮮軍の進撃を抑え、かつ、韓国軍の防衛を強化するため、アメリカは直ちに海軍と空軍を朝鮮半島に派遣した。この初動の軍事介入が不十分なことが明らかになると、トルーマン政権は、今度は戦闘部隊を派遣した。ここで派遣された米軍は、北朝鮮の侵略に対する国連での非難決議に基づいて、国連軍の一部として位置づけられた。六月二七日の国民向けの演説においてトルーマンは、「韓国への攻撃は、共産主義が独立国家を征服するため転覆工作という手段を超えて、武力による侵略と戦争に訴えようとしていることを疑う余地がないまでに示しました」と明言した。そしてこの演説でトルーマンは、台湾海峡への第七艦隊派遣を命じたこと、インドシナのフランス軍に対する支援を強化すること、過激なフクバラハップ[訳注7]と戦闘を繰り広げている親米のフィリピン政府に追加支援を実施することなどを明らかにした。アメリカは、韓国、中国、インドシナ、フィリピンという四つの地域に対して同時に介入したのであるが、その背後にあったのは次のようなアメリカの認識であった。ソ連とそのジュニア・パートナーである中国の指導のもと、世界規模の共産主義運動は敵対的かつさらに攻撃性を強めつつある。そしてそれは、西側の利益に対して統一的かつ大規模な脅威をもたらしているのだ。

朝鮮戦争は冷戦に多大な影響をもたらした。朝鮮半島での戦いは、冷戦の激化と地理的拡大をもたらし、アメリカと共産主義諸国との対立を拡大させ、東西間の敵意をさらに高めた。これらに加えて、アメリカの軍事費の増大と、そしてより広い意味では、アメリカの対外政策の軍事化とグローバル化に拍車をかけた。朝鮮戦争の影響はアジアを越えて波及し、NATOの強化やドイツ再軍備、ヨーロッパへの米軍駐留を急速に推し進める要因となった。「アメリカを世界の軍事・政治大国の地位に押し上げたのは第二次世界大戦ではなく、朝鮮戦争だった」とアメリカの外交官チャールズ・ボーレンは述べている。多くの研究者も、朝鮮戦争が戦後国際関係史の重要な転換点であったと論じており、この意味でボーレンの見解が正鵠を射たものであったことについては研究者の間でも際立った見解の一致が見られる。たとえば、歴史家ジョン・ルイス・ギャディスは、「世界中の共産主義封じ込めに対する、本当の意味でのアメリカの関与は、朝鮮戦争をとりまくさまざまな出来事に端を発している」と論じている。また、外交史家ウォーレン・コーエンも、朝鮮戦争は「米ソ対立の性質を、組織的な政治闘争から、まさに世界の生存を脅かす、イデオロギーに突き動かされた軍事的対立へと変化させた戦争だった」と述べている。

しかし、やはりコーエンが指摘するように、「朝鮮半島の内戦が戦後の米ソ関係の重要な転換点であり、世界戦争の可能性を高めたという見方は、いまになってみれば、なんともおかしなものであったように思える」ことも、また確かである。というのも、第二次世界大戦後、大国が介入して争いの場となる可能性が朝鮮半島よりもさらに高いように見えた地域も存在していたからである。一九一〇年以降、日本の植民地として占領・支配されてきた朝鮮半島の将来は、第二次大戦中の連合国の肩にかかっていた。しかし、連合国はすでに、その他の地域の情勢に手一杯になっていた。そのため、戦時会議においても、朝鮮半島はさほど重要性を持たない一地域としてしか扱われなかったのだ。ポツダム会談の際に米ソは、一時的に三八度線で朝鮮を分断し、占領責任を分担することで合意した。両国はまた、できる限り早期に、独立かつ統一された朝鮮国家の創設に向けて努力することでも意見の一致を見ていた。そして一九四五年一二月のモスクワ外相会談において、ソ連は、次のようなアメリ

訳注7　フクバラハップとは一九四二年にフィリピンで組織された抗日ゲリラ組織のこと。第二次大戦後は反共親米政権に対する武力抵抗を行った。

カの提案を承認した。それは、朝鮮の完全独立への第一歩として、朝鮮暫定政府樹立へ向けた選挙準備のために、米ソ合同委員会を設置するというものであった。しかし、より広範な冷戦対立によって、米ソ間での意味ある協調もしくは妥協は困難になり、統一国家実現のための計画もまたその犠牲となった。一九四八年までに、占領による朝鮮半島の分断は、より確固としたものとなっていた。朝鮮半島の北部では、かつて抗日闘争を繰り広げた金日成《キム・イルソン》の率いる親ソ政権が、独立した政府の様相を呈するようになっていた。朝鮮半島の南側もまた同様であり、そこには、年来の朝鮮民族主義者であり、強烈な反共主義者であった李承晩《イ・スンマン》の親米政府が存在していた。そして南北両政府はともに、相手に対する武力行使の可能性をちらつかせていた。双方とも朝鮮半島が永久に分断状態に置かれることを認めるわけにはいかなかったのである。

朝鮮情勢への関与から整然と身を引きたいと考えていたトルーマン政権は、一九四八年に、朝鮮半島から米軍の撤退を開始した。アメリカの国防担当者たちは、米軍を世界中に展開しすぎたため、撤退させる必要があると考えていた。しかし、理由はそれだけではなかった。実のところ、彼らは、朝鮮半島には最小限の戦略的価値しかないと判断していたのだ。しかしその二年後に発生した北朝鮮による侵攻は、朝鮮半島に異なる意味合いを付与することになった。朝鮮半島それ自体には、とくに大きな戦略的価値はないかもしれない。しかし、アメリカは韓国政府誕生の際に産婆役を務めたし、さらにはその保護者でもあった。それゆえ、朝鮮半島は重要な象徴的な意味合いを持つようになった。さらに、ソ連と中国が承認・支援して実施された北朝鮮による攻撃は、韓国政府の生存を脅かしただけではなかった。それはあらゆる点において、地域および世界における大国としてのアメリカの信頼性を脅かすものでもあった。そのため、トルーマンやアチソンをはじめとするアメリカ政府首脳の目には、朝鮮半島に重大な利害関係が絡んでいるように映ったのだ。トルーマンは、即座にアメリカの軍事介入を許可し、政府内にもこの決定に反対する声はなかった。トルーマンは一一月三〇日には次のように宣言している。「国連が侵略に屈服したら、安全な国はなくなるでしょう。朝鮮半島で侵略が成功した場合、侵略はアジアとヨーロッパの全体、そして西半球にまで及ぶと考えられます。私たちはアメリカの国家安全保障とその生存をかけて、朝鮮半島で戦っているのです」。

このトルーマンの宣言が出されたのは、中国共産党の「義勇軍」が朝鮮での戦闘に加わった直後であった。この義勇軍の参戦が、朝鮮半島の紛争のみならず、冷戦の意味合いをも変えたことは間違いない。一九五〇年九月にマッカーサーは、伝説的な仁川上陸によって北朝鮮を側面から包囲して戦況を大きく変化させたが、これによってトルーマンとその軍事顧問たちは過剰な自信を抱くようになっていった。マッカーサー率いる国連軍は一〇月七日に北朝鮮領内に侵攻し、一〇月二五日までにはその一部が北朝鮮と中国の国境にある鴨緑江に達した。国連軍が中国国境に近づくと、毛沢東はスターリンに、鴨緑江を超えて中国軍を派遣することを決定したと伝えた。毛沢東はその理由を、「アメリカが朝鮮半島全域を占領することを許し、朝鮮の革命勢力が決定的な敗北を喫すれば、アメリカは増長して、東側陣営全体に不利益をもたらす存在となる」と説明している。毛沢東はまた、朝鮮戦争の結果が地域全体、そして世界に及ぼす影響についても考慮していた。傲慢にもマッカーサーは、当初、

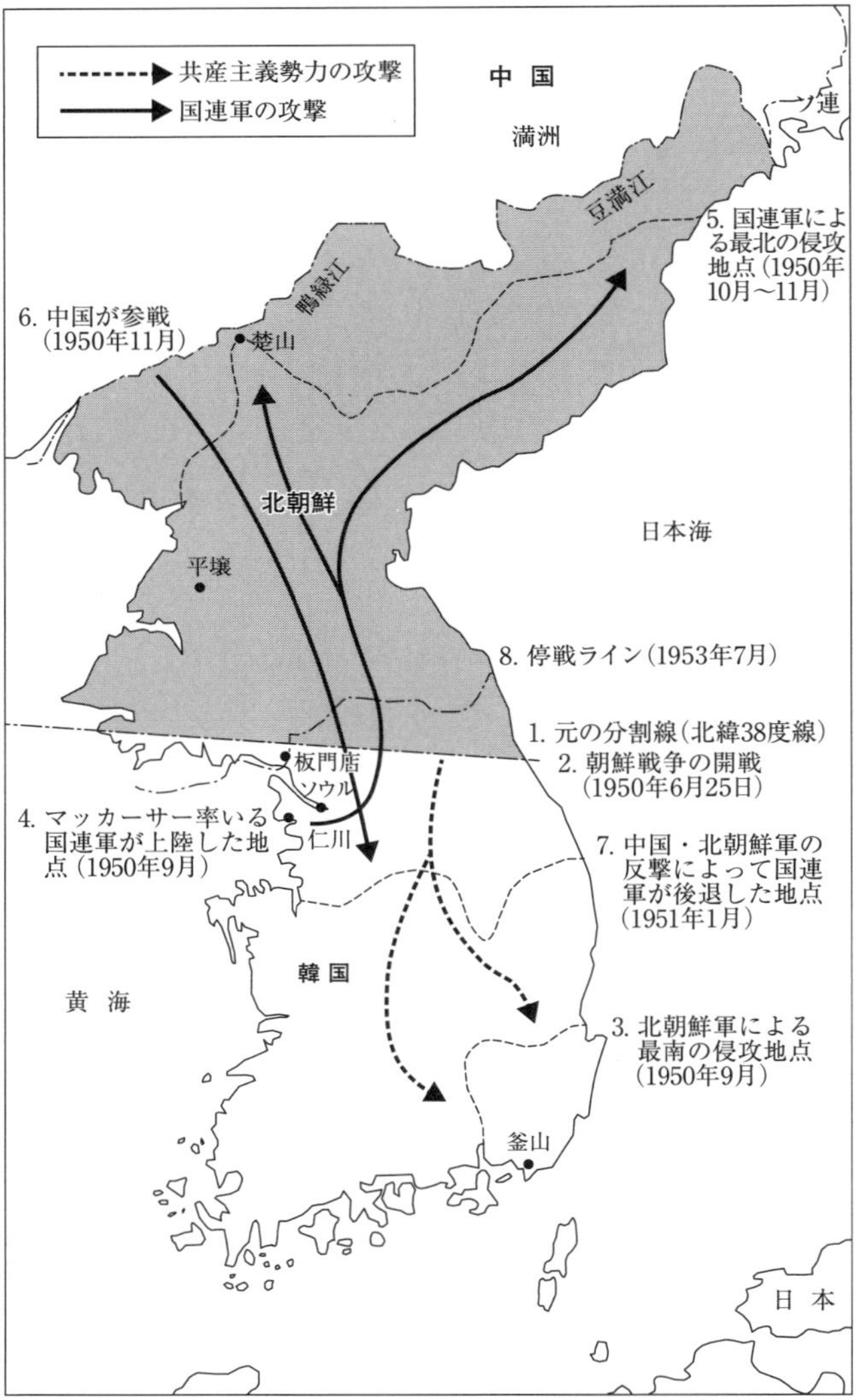

地図2　朝鮮戦争（1950〜53年）

中国軍の力を過小評価していた。しかし中国が参戦したことで、一一月下旬までに彼が率いる部隊は北朝鮮からほぼ駆逐されてしまった。マッカーサーが統合参謀本部に「われわれは全く新しい戦争に直面している」と伝えたのはそのような状況下でのことであった。

この時までに世界は、全く新しい「冷戦」に突入していた。冷戦の戦場は、ヨーロッパをはるかに超えて拡大していたのである。中国における毛沢東政権の誕生、中ソ同盟、北朝鮮の冒険主義に対する中ソの支援、米軍および国連軍による朝鮮半島への介入、それに続く中国軍の参戦、東南アジアの民族主義運動における共産主義勢力の存在。これらすべての要素により、その後長期にわたって冷戦が戦後アジア情勢に大きな影響を与えることが確実となった。朝鮮戦争それ自体は、決着がつかないまま、交戦諸国によって停戦協定が締結された一九五三年七月まで続いた。しかし、この停戦協定は、戦争捕虜の交換と開戦前の現状への回帰を約束するだけのものにすぎなかった。停戦ラインとなった北緯三八度線は、北朝鮮と韓国だけでなく、東西両陣営を分かつ不吉な分断線として、その後も残り続けたのである。

第4章 グローバル化した冷戦
●一九五〇～一九五八年

朝鮮戦争の勃発とともに、冷戦は次第にグローバルな対立へと拡大していった。朝鮮戦争勃発後の十年間で、世界中のほぼすべての地域が米ソ超大国の対立、競争、紛争に巻き込まれた。実際のところ、一九五〇年代から一九六〇年代における世界の対立の主要な舞台――イラン、グアテマラ、インドシナ、台湾海峡、スエズ、レバノン、インドネシア、キューバ、コンゴ――は、冷戦が、開始された当初の分断線をはるかに超えて広がったことを示していた。一方、東西対立を促進した第二次大戦直後のいくつかの係争地点では、ベルリンにおいてのみ、一九五八年および一九六一年から一九六二年にかけて米ソ間で危機が生じたのであった。

この時期、冷戦の舞台は、基本的に国際システムの中心から周辺へと移動した。米ソはそれぞれ、アジア、中東、中南米、およびアフリカの発展途上地域に死活的に重要な戦略的、経済的、心理的利益を見出し、そこで資源や軍事基地、同盟国、影響力を獲得しようとした。これらの地域は、一九五〇年代までに米ソ闘争の中心地域となり、それは一九六〇年代、一九七〇年代、一九八〇年代を通じて変わらなかった。それとは対照的に、ヨーロッパにおける東西分断は著しく安定的なものとなっていった。米ソ両国の指導者たちは、ヨーロッパという冷戦の中心で大規模な対立が生じた場合、それが核戦争に発展するのはほぼ確実だと考えていた。そのため、ヨーロッパにおける軍事衝突は好ましくないとの考えを次第に強めていったのである。冷戦時代に勃発したほぼすべての戦争が第三世界で戦われ、そして一九四五年から一九九〇年までの間に起こった戦争で死亡した推計二〇〇〇万人のうち約二〇万人を除けば、すべての人々が第三世界の各地で起こった紛争で亡くなったという事実は、このことを非常によく示している。

しかし一九五〇年代半ばからの十年間には米ソの核軍拡競争が激化し、誤算もしくは制御不可能な紛争のエスカレーションによって、恐ろしい破壊と数百万人規模の被害が引き起こされることへの懸念が高まった。このような周辺地域への冷戦の地理的拡大、ヨーロッパにおける相対的な平和と安定、米ソ両国による着実な核兵器の増強といったテーマについて本章では見ていこう。

1　東西関係の安定化

朝鮮戦争は、冷戦の軍事化とグローバル化に拍車をかけた。しかしその朝鮮戦争が、米ソ戦争の可能性を低下させる形でヨーロッパの東西分断を制度化させ、超大国間の関係を安定化させるきっかけともなったのは、なんとも皮肉なことである。北朝鮮の攻撃を受けて、アメリカの政策決定者たちは、いまや、より好戦的で機会主義的な敵に直面しているとの確信を深め、ソ連の軍事侵攻に対する西ヨーロッパの脆弱性についてさらに深刻な懸念を抱くようになった。そこで彼らは、さらなるNATOの強化に取り組んだ。一九五〇年の末までにトルーマンは、上下両院における共和党の強い反対にもかかわらず四個師団をヨーロッパに派遣し、NATOを統合された命令系統を持つ真の軍事同盟へと再編する作業に着手した。さらに彼は第二次世界大戦で支持を集めたドワイト・アイゼンハワー将軍をNATOの初代最高司令官に任命し、ドイツの再軍備計画も実行に移した。

その中でもトルーマン政権が最優先の課題としたのは西ドイツの再軍備であった。アメリカ政府の政策決定者たちは、ドイツの人的資源がヨーロッパ防衛に不可欠だと考えていた。彼らはまた、西ドイツを西側陣営に確実に組み込み、親米のコンラート・アデナウアー政権を支援するためにも、ドイツの主権を完全に回復し、再軍備させることが必要だと認識していた。しかしヨーロッパに無類の恐怖をもたらしたナチス政権が崩壊してからそれほども立たないうちに、ドイツが軍事的に再興する可能性が出てきたことは、フランスをはじめとするヨーロッパ諸国に大きな懸念をもたらした。そこで、こうした不安を軽減するために、アメリカは、フランスが提案したヨーロッパ防衛共同体（ＥＤＣ）構想に同意する姿勢を示した。このＥＤＣ構想は、西ドイツの兵力拡大を限定的な規模で進めたのち、それをより広範な西ヨーロッパ軍に組み込むという、一連の取り決めについて提案するものであった。

ソ連側は西側によるドイツ再軍備の動きを阻止しようとしたが、これに失敗した。一九五二年春にソ連は、西側諸国に一連の外交公文を送り、ドイツを再統一したうえで中立国とすることを提案した。ここでも再び、スターリンとソ連政治局にとっての悩みの種となっていたのは、経済的・軍事的に高い潜在力を持ち、西側から支援を受け、かつ、西側陣営にしっかりと組み込まれたドイツが復興する可能性であった。そのため彼らは、依然として若干のリスクはあるにせよ、より危険が少ない形でドイツ問題の解決を図ろうとしたのである。しかしアメリカは、即座にこのソ連提案を退けた。中立化された統一ドイツは、アメリカにとっては戦略上の悪夢にほかならなかったからである。そのようなドイツ国家は、そのうちソ連側へと傾斜していき、ヨーロッパの勢力均衡を崩すことになりかねず、これこそまさにトルーマン政権が回避しようと決意していた事態だったのだ。まもなくソ連は、永久に分断されたドイツという既成事実を受け入れ、一連の対応策をとり始めた。そして最終的にソ連は、一九五四年三月、東ドイツ――いわゆるドイツ民主共和国――を主権国家として承認したのである。スターリンとその後継者たちは、再軍備され、主権を回復した西ドイツがアメリカの勢力圏に統合されれば、経済力と軍事力の均衡が大きく西側に傾くことを承知していた。しかし彼らは、東西どちらの陣営にも属さない自律的な統一ドイツが、再びヨーロッパ政治を左右する存在となったり、ソ連の将来の安全保障上の脅威として台頭することよりも、西ドイツが西側に組み込まれているほうが、まだソ連にとっては危険性が小さいとも考えていたのだ。

このように一九五〇年代の初め、ないしは半ばまでに、ドイツ問題に関するソ連と西側の政策決定者たちの考え方は驚くほどまでに収斂していった。そしてこのことがヨーロッパ情勢の安定化を促し、ある程度の東西緊張の緩和を可能にしたのである。一九五三年六月にイギリスのセルウィン・ロイド外相は、非公開の文書において次のように記している。「ヨーロッパが分断されている中でドイツを統一することは、仮にそれが実際に可能であったとしても、すべての国家にとって非常に危険です。関係諸国のすべて――アデナウアー［西ドイツ首相］、ソ連、アメリカ、フランス、そしてわれわれイギリス――が心の内では、分断ドイツのほうが当面は安全だと思っているのはそのためです。しかし、このことを公言すればドイツの世論に影響を及ぼすため、あえて口にする者はおりません。それゆえ公の場では、私たち全員が、各国それぞれの考えに基づいてドイツ統一への支持を表明しているのです」。

一九五四年夏にフランス議会がＥＤＣ条約を否決すると、即座にイギリスは、ドイツを再軍備し、かつ西側に統合するという目的を実現するための代替案を提示した。アメリカのアイゼンハワー政権も支持したこの案は、ドイツの軍事力に一定の制限をかけるための枠組みとしてＮＡＴＯを活用し、その中でドイツ再軍備を進めることを求めるものであった。一九五四年の後半には盛大な会議がパリで開催され、NATO加盟国は、西ドイツの再軍備と主権回復、米英仏による占領終結に関する新しい枠組みに合意した。そして一九五五年五月には、完全に主権を回復したドイツ連邦共和国（西ドイツ）がNATOに加盟したのである。

さまざまな紆余曲折はあったものの、アメリカは、西ドイツとの合意に関する交渉を行い、そのヨーロッパ政策の中核的な目標を達成することができた。すなわちNATOの強化及び再活性化と、西ドイツの主権回復及び再軍備とを同時に達成したのである。アメリカはまた、仏独間の和解を促すと同時に、政治的に統合され、経済的に活力のある西ヨーロッパの形成を後押しすることにも成功した。歴史家メルヴィン・レフラーは次のように述べている。「アメリカの計画は、繁栄した、共産主義の影響下にないヨーロッパを創出しようとするものであった。アメリカの目標は、ソ連が戦時には西ヨーロッパを占領しようとする企てを、平時には西ヨーロッパを脅迫する試みをそれぞれ封じ、そして、いかなる時にも西ドイツを共産主義陣営に取り込もうという動きを阻止することだった」。ヨーロッパにおける戦争終結からほぼ十年で、こうしたアメリカの基本目標は、ほぼ達成されたかのように見えた。

一九五三年初頭に、米ソ両国で冷戦開始後初めての政権交代が起こった。しかし両国の指導者たちはいずれも、行き詰まった両国関係の中心にあった相互の不信と疑念を払拭しようとはしなかった。実際のところ、アイゼンハワー大統領と、その最も重要な外交政策アドバイザーであったジョン・フォスター・ダレス国務長官は、前任のトルーマン民主党政権よりもさらに積極的な冷戦政策を遂行しようと決意していた。一九五二年の共和党の綱領には、民主党の外交政策を「悲劇的な大失策」だと酷評し、トルーマン政権の封じ込め戦略は「数えきれない人々を独裁的で邪悪な共産主義へと追いやった」「後ろ向きで、無益で、道徳に反する」政策だったと激しく非難する一節が盛り込まれていたが、それはダレス国務長官の手によるものであった。一九五三年三月にスターリンが死去すると、長きにわたって独裁者として君臨してきた彼の跡を継いだ集団指導部は曖昧な和平提案を行った。しかしこうした動きも、アメリカの前には容赦のない常軌を逸した敵国が立ちはだかっている、というアイゼンハワーらアメリカ政府指導部の認識には何ら変化をもたらさなかった。ソ連は第一級の軍事的、政治的、イデオロギー的な脅威であり、「互いに妥協する」という伝統的な外交の論理が通じないため、圧倒的に強い立場から対応するしかない相手である、と彼らは確信していた。ダレス国務長官は、自身の国務長官指名承認に関する上院外交問題委員会の公聴会で、「ソ連との関係は和解不可能な対立なのです」と述べている。同じころ、イギリスの首相に返り咲いていたウィンストン・チャーチルが、ソ連との外交的妥協の可能性を試すために首脳会談を開いてみてはどうかと提案したが、アイゼンハワーはこれを拒否している。アイゼンハワーは、チャーチルの提案を、ソ連に宥和的な、馬鹿げたほど早計な考えだと判断していたのだ。

一方、ソ連新指導部も東ヨーロッパに対する支配を強化することで、ドイツ再軍備とNATO増強に対抗しようとしていた。一九五三年六月には東ドイツ各地でソ連による支配に抵抗するストライキやデモなどが頻発し、同じころにはユーゴスラヴィア首相のヨシップ・ブロズ・チトーも独自路線を強めつつあった。こうした状況は、ソ連の勢力範囲における支配が、弱まりつつあることを明確に示していたのだ。一九五五年五月一四日にソ連は、東ヨーロッパの「同盟国」（ドイツ民主共和国、ポーランド、ハンガリー、チェコスロヴァキア、ルーマニア、ブルガリア、アルバニア）とともにワルシャワ条約機構を創設し、東ヨーロッパ諸国との安全保障関係を公式に樹立した。ワルシャワ条約機構は緩い軍事同盟であり、西側のドイツ再軍備とNATO強化に対する防衛的反応として創設されたと理解するのが最も適切である。だが、その創設はヨーロッパ大陸の分断線が強化されたことを象徴する出来事でもあった。またワルシャワ条約締結の翌日、ソ連は同盟国とともにオーストリアと平和条約を締結した。この条約は、オーストリアの主権を回復し、同国を中立化することと引き換えに、連合国による占領を終結するというものであった。さらにソ連は、西側に軍拡競争の中止を求める新たな提案を行い、ユーゴスラヴィアとも関係改善を模索する一方、第三世界でも大胆な外交政策を展開し始めた。

こうした一連の動きを主導したのは、スターリン後のソ連指導部で頭角を現したソ連共産党第一書記であり、騒々しく乱暴ではあるが柔軟性に富んだ性格のニキータ・フルシチョフであった。フルシチョフの政策は、チャーチルが長きにわたって切望してきた首脳会談の開催を促すことになった。一九五五年七月に、ソ連、アメリカ、イギリス、フランスの首脳がスイスの都市ジュネーヴに参集した。このような首脳会談が開催されたのは十年前のポツダム会談以来のことだった。このジュネーヴ首脳会談では、ドイツ問題や軍縮、その他の重要問題について大きな進展は見られなかった。それでも首脳会談が開催されたという事実そのものが、協調と和解を基調とする東西関係の新しい時代の幕開けを告げたように見えたのである。広い意味で言えば、このジュネーヴ首脳会談では、ヨーロッパの現状を承認すること、そして東西両陣営ともに戦争によって現状を覆す考えはないことが暗黙のうちに確認された。事実、ジュネーヴ会議閉幕の二カ月後にソ連は、西ドイツを外交的に承認したのである。

一九五六年二月の第二〇回ソ連共産党大会で行った歴史的な演説の中で、フルシチョフは、スターリンが犯した国内犯罪と外交上の過ちを激しく批判した。四時間にわたるフルシチョフの秘密演説は、資本主義諸国との「平和共存」を訴え、社会主義に至る複数の異なる道があることを認めるものだった。このフルシチョフ演説はまもなく広く知れわたることとなり、その内容は共産主義者にも非共産主義者にも衝撃を与えた。東ヨーロッパを改革したいと考えている勢力は、ソ連の支配力が緩む可能性があると見て活気づいた。そして知識人や学生、労働者はすぐに、多様性と国家の独立に対してソ連政府がどの程度の寛容さを示すか試そうと試みた。長年にわたって不満が蓄積してきたポーランドでは、一九五六年六月に労働争議が発生したが、すぐにこの事態はソ連に対するあからさまな抵抗運動へと発展した。ワルシャワでの民族主義的な反乱を鎮圧するために軍事的圧力を用いた後で、フルシチョフは方針を転換し、かつてスターリンの粛正によって追放されていた改革派で元首相であったヴワディスワフ・ゴムウカを新たにポーランド共産党書記長に据えることに同意した。

一九五六年にはハンガリーでも同じような反乱が起こったが、こちらはポーランドよりも悲劇的な結末を迎えることになった。一〇月二三日に、学生が先導するデモがハンガリー各地で展開されたが、このデモもやはり、同国に駐留していたソ連軍に対するあからさまな暴動へと発展した。一〇月末にはイムレ・ナジ率いる改革派政府が、ワルシャワ条約機構から脱退する決定を行ったと発表し、ハンガリーは中立国であると宣言したうえで国連に支援を訴えた。しかしこうした動きは、東ヨーロッパの政治的変革としてフルシチョフが容認できる限度を超えたものであった。またフルシチョフは、ハンガリーでの事態に対して何も行動を起こさなければ「アメリカ、イギリス、フランスは一気に勢いづくだろう」とも考えていた。一〇月三一日にはイギリスとフランスが同時にエジプトに侵攻し、アメリカではアイゼンハワー大統領の再選をかけた選挙戦が終盤に突入していたのである。このタイミングをフルシチョフは、武力行使に「好ましい時機」だと判断した。一一月四日、戦車五五〇〇台を擁した二〇万人規模のソ連軍とワルシャワ条約機構軍が、圧倒的な戦力でハンガリーの暴動を鎮圧する動きに出た。この力の差が歴然とした衝突の結果、約二万人のハンガリー人と三〇〇〇人のソ連人が命を落とし、一一月八日までにこの暴動は完全に鎮圧された。アイゼンハワー政権が用いたハンガリー解放を支持するレトリックと、ラジオ・フリー・ヨーロッパを通じて行った挑発的な放送は、反ソ抵抗運動を盛り上げるうえでは大きな役割を果たしたが、実際のところ、ソ連の蛮行に対してアイゼンハワー政権になす術はなかった。ソ連が西ヨーロッパにおける事態の展開に対抗するために世界戦争を戦うつもりがなかったのと同じく、アメリカもソ連の勢力圏での出来事をめぐって戦争することを望んではいなかったのだ。こうして一九五〇年代半ばまでには、ある種の大国間秩序がヨーロッパに誕生しつつあった。事実、「長い平和」という言葉によって第二次世界大戦後のヨーロッパの特

1956年11月、ソ連に抵抗するハンガリーの人々（© Hulton Deutsch Collection/ Corbis）。

徴を表現する研究者もいる。ただし、この秩序が成立するための代償は非常に高いものであったと考える研究者もおり、それこそまさにハンガリーの人々が痛切に感じたことであった。

2　第三世界の混乱

第三世界の発展途上国はその大部分が、数百年とはいかないまでも、数十年にわたる欧米の植民地支配から立ち現れてきたものであった。こうした国々が一九五〇年代の米ソ間の競争の焦点となったのは、いくつかの理由による。アメリカの国家安全保障政策の担当者たちは、健全な世界資本主義経済、西ヨーロッパと日本の経済復興、そしてアメリカの商業的及び軍事的な必要性から見て、第三世界の資源と市場が不可欠だと認識していた。実際、西側の経済的・軍事的な力は、発展途上諸国とのつながりに大きく依存していた。平時においては西ヨーロッパの石油需要を、有事においてはNATOの軍事的な必要性を満たすうえで、中東の石油が死活的に重要な意味を持っていたという事実が、何よりもこのことを雄弁に物語っている。とくに、原則論に固執しがちであったスターリンが死去し、より外交的に巧みなフルシチョフが権力を得た後のソ連は、第三世界の中立諸国を友好国や同盟国にするべく努力した。そうすることでソ連は、第三世界における西側の力を切り崩そうとしたのである。外交や貿易、さらには気前よく経済開発のための借款を行うといった手段を用いて、ソ連は、とくにアフリカやアジアの国々に対する影響力を拡大し、資源や軍事基地へのアクセスを確保する一方で、そこにおける西側の支配力を弱めようとしていた。たった一世代でソ連の地位は、後進国のそれから軍事と産業の両面で大国のそれへと躍進したが、そのことに驚いた第三世界の多くの知識人や政治指導者にとってマルクス・レーニン主義の発展モデルは魅力的なものだったのだ。

こうした事実が、第三世界で友好国と支持を獲得しようとするソ連の動きを後押しする一方で、西ヨーロッパ諸国の帝国主義、人種差別主義、傲慢さ、そして現地の資源に対する支配の継続といった問題は、そこでのアメリカ人外交官たちの仕事を難しいものにしていた。一九五〇年代の間にアメリカの政策決定者たちは、周辺地域をめぐる争いの結果次第で、世界における勢力バランスは西側にとって有利なものにも、不利なものにもなりうると確信するようになっていた。一九六一年二月に議会上院で、ディーン・ラスク国務長官は、発展途上国におけるソ連の政策努力が「非常に大きなものとなった」ことは、米ソ間の争いが「西ヨーロッパにおける軍事問題から低開発国をめぐる真の競争へ」と移行したことを示していると述べた。さらにラスクは警告した。「アフリカ、中南米、中東、アジアにおける戦いはいまや互いに結びついており、軍事分野ではなく、影響力、栄誉、忠誠心などをめぐるものとなっています。しかもこの争いの結果はきわめて重大なものとなりうるでしょう」。

一九五一年から一九五三年にかけて勃発したイラン危機は、こうした争いに含まれる要素のほぼすべてが詰まった出来事だった。イラン危機は、自国経済に対する支配権を奪還しようとする現地の民族主義政権と、莫大な利益を生む石油利権に関して契約条件を再度交渉することを望んでいなかった西側の一国家との対立がもたらした事態だった。事の発端は、熱狂的な民族主義指導者であるムハンマド・モサッデクが一九五一年春にアングロ・イラニアン石油会社（ＡＩＯＣ）の油田と精油施設を国有化したことにあった。モサッデク首相は、莫大な埋蔵量を誇る石油から、イラン国民のために大きな利益を生み出したいと考えていた。イランにとって最も価値ある資源であった同国の石油は、長い間イギリスが所有する巨大企業ＡＩＯＣが独占してきたのである。イギリスは誠意を持ってモサッデク政権と交渉することを断固として拒否し、イランの石油を市場から締め出す動きに出た。英・イラン間の緊張は高まり、それはすぐに冷戦対立の一部としての様相を帯び始めた。当初、アメリカはイランに対して同情的であった。なぜなら、アメリカはこの事件を、先進国と低開発国の間の商業的な関係を長年規定してきた暗黙のルールに、第三世界の新政権が好ましからざる挑戦を行ったものと見ていたからである。ただしアメリカは、イランの北側に存在している機会主義的な隣国ソ連がより重大な脅威をもたらしかねないとも考えていた。こうしたなか、トルーマン政権が調停役をかって出たのは、イランとイギリスの対立が状況を不安定化させ、そこからソ連が利益を得ることを恐れていたからであった。しかしイギリスが妥協を拒否したためアメリカの調停努力はくじかれた。しかもモサッデクは、ソ連の支援を受け入れ、親ソ的なトゥーデ党に国内政治上の支援を求める方向へと転じてしまったのである。これに対してアイゼンハワー政権はイギリス政府とともに、モサッデク政権を転覆し、同時に、親西側的なイランのシャー[訳注8]であるムハンマド・レザー・パフラヴィーを権力の座につけて独裁体制を敷かせるべく秘密作戦を開始した。

英・イラン紛争の起源は冷戦とは無関係であった。にもかかわらず、アメリカのイランに対する政策は、ソ連の冒険主義――それが誇張されたものであったとはいえ――に対する懸念に突き動かされることになった。対イラン秘密介入の背後にあったのは、冷戦初期アメリカの中東政策が再優先していた二つの課題であった。それは、ソ連封じ込めのために、脱植民地化が進展する中東の新興国に対するソ連の影響力拡大を防止することと、西ヨーロッパにとって死活的な石油資源へのアクセスを確保することである。モサッデク政権転覆後、アイゼンハワーはある補佐官に次にように語った。「西ヨーロッパに対する適切な石油供給［の確保］は、アメリカにとってのそれと同じくらい優先すべき問題である」。それゆえ「自衛のために西側は中東石油へのアクセスを維持しなければならないのだ」。

新植民地主義的な色彩を強く帯びたもう一つの対立は、カイロ・スエズ間の巨大軍事施設の管理権をめぐって生じた、イギリスとエジプトの紛争であった。この対立もまた、親西側的で、かつ安定した中東を築こうというアメリカの努力に悪影響を及ぼし、そして間接的にではあるが、一九五〇年代で最も深刻な国際紛争を引き起こすことになった。その紛争とは一九五六年のスエズ危機である。この危機の発端となったのは、米英両国が一九五〇年代初頭から半ばにかけて組織しようと試みた反ソ的な防衛機構への加入をエジプトが拒否したことだった。この問題をめぐってイギリスとの関係が険悪になった結果、エジプトは、西側は依然として帝国主義的な策謀に関与していると見て、西側との協調には否定的になっていた。こうしてエジプトをはじめアラブ主要国のほとんどが西側との集団安全保障協定締結を拒否するようになると、米英両国はそれに代わる「北層」構想へと傾いていった。その結果、一九五五年二月にはイギリス、トルコ、パキスタン、イラン、イラクが参加する、バグダード条約が調印された。それはソ連封じ込めの「盾」を中東まで拡大することを目的とした、緩い相互安全保障協定であった。アメリカは、外交的な圧力を行使し、同時に軍事・経済面での寛大な支援を行うと約束することで、バグダード条約交渉で大きな役割を果たした。しかしアメリカが、この条約に直接参加することはなかった。アメリカは、アラブ諸国と友好的な関係を築くべく引き続き努力していた。それゆえ［後述するようにイラクとエジプトの間で争点となっていた］バグダード条約に加盟することで、アラブ諸国との関係を悪化させたくなかったのである。

しかし中東の不安定化の防止を目的とするこの動きは、かえって、それに拍車をかけることになった。民族主義者でエジプトの指導者であったガマール・アブドゥル・ナーセルの目に、バグダード条

訳注8　シャーとはイラン国王の称号を意味するペルシア語。

約の締結は公然たる敵対行為と映った。保守的で、アラブ世界で唯一のバグダード条約調印国であったイラクとエジプトは、アラブ世界では伝統的に敵対関係にあったからである。一九五五年秋にナーセルは、チェコスロヴァキアと武器協定を結んだ。西側が支援するバグダード・グループに正式に参加して、軍事的に強化されたイラクに対抗するためであった。こうしたエジプトの動きを見て、エジプトがソ連陣営へと傾きかけているとの懸念を持ったアイゼンハワー政権は、一九五五年一二月、エジプト政府に「アメ」を差し出した。エジプトの野心的な開発計画の目玉であった、アスワン・ハイ・ダム建設プロジェクトに対する大規模な資金援助である。しかしエジプトは、パレスチナ人奇襲部隊が行ったイスラエル攻撃を支持し、また、その中立主義的な外交政策を展開し続け、さらに一九五六年五月には中華人民共和国を承認して、アメリカの怒りを掻き立てた。そして一九五六年七月一九日、ダレス国務長官は突然、アスワン・ハイ・ダム建設プロジェクトへの資金提供を撤回すると発表した。アメリカのこの措置に対してナーセルは「アメリカよ、自らの怒りで窒息死してしまえ」と毒づき、世界銀行総裁のユージーン・ブラックはダレス国務長官に「大混乱が起きるかもしれない」と警告を発した。

ブラックの予想が正しかったことは、七月二六日に明らかになった。ナーセルは、英仏系の企業であるスエズ運河会社を国有化するという、大胆かつ全く予想外の行動に出た。ナーセルは、スエズ運河という死活的に重要な国際運河を効果的に管理し、そこから上がった利益をアスワン・ハイ・ダム建設プロジェクトに投入すると宣言したのだ。関係諸国間では散発的な交渉が行われ、ダレスはあか

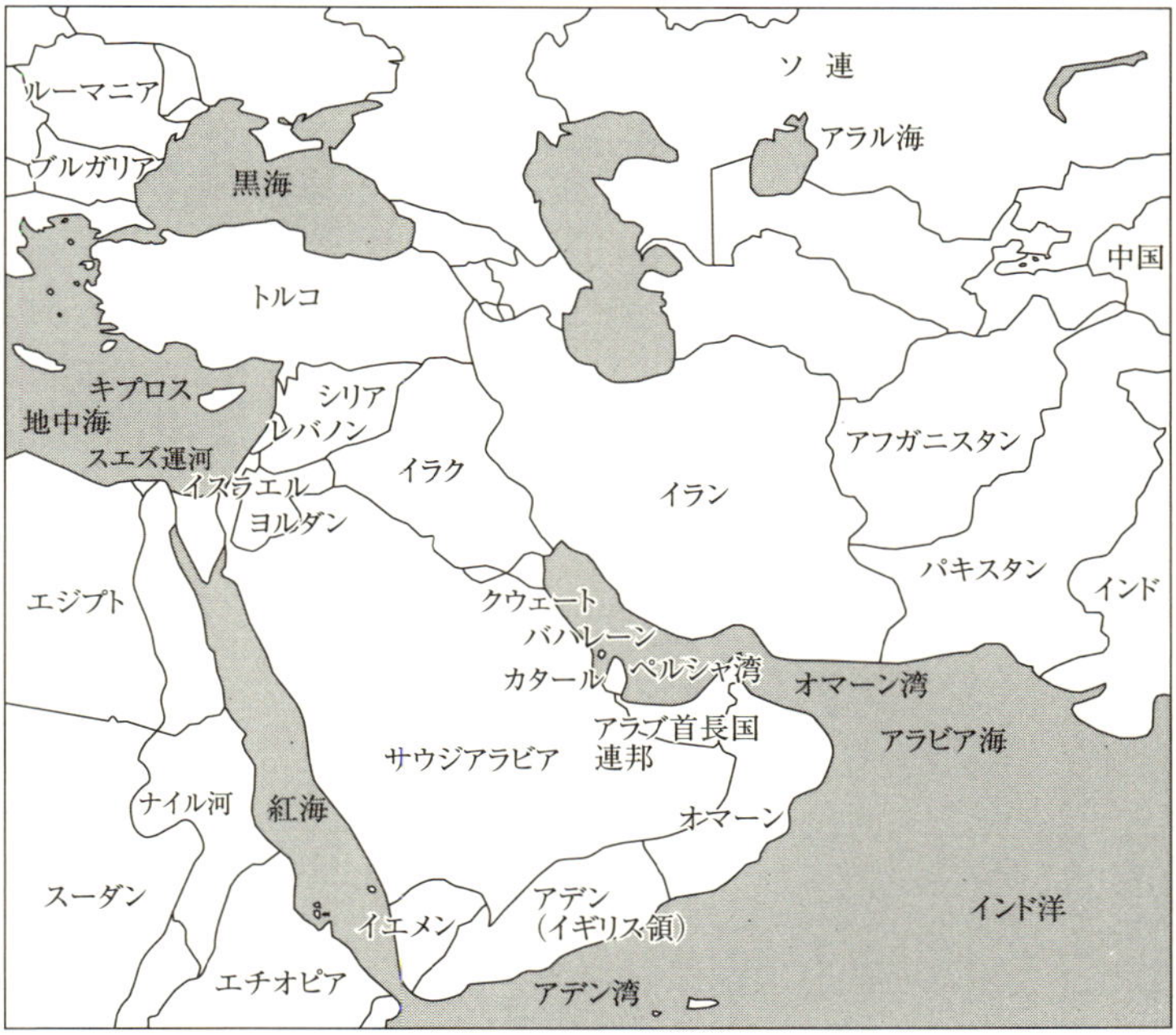

地図3　1956年時点での中東

らさまな衝突を避けるための代替策を根気強く模索した。しかし、一九五六年一〇月下旬、イギリス、フランス、イスラエルはエジプトに対して共同で軍事行動を起こしたのである。この侵攻をアメリカが、法の支配に反するあからさまで正当性のない軍事行動だと厳しく批判したことで、その同盟国であった英仏イスラエルはひどく動揺した。一一月五日にはソ連もエジプトに対する攻撃を激しく非難し、イギリスとフランスが即刻侵略をやめなければ報復措置をとると威圧的な態度で威嚇した。ここに至ってスエズ危機は突然、重大な東西対立に発展する様相を呈することになった。結局、アメリカが同盟諸国に圧力をかけ続けたことが、停戦を実現するうえで大きな役割を果たすことになった。アメリカはソ連の脅しを口先だけのものと判断してはいたが、それが不穏なものであることに変わりはなかった。こうしたソ連の脅しがもたらした危険な状況もまた、停戦によって沈静化されたのである。

スエズ危機後、アメリカは中東でより大きな責任を担うようになった。アイゼンハワーが最も恐れていたのは、イギリスとフランスの力が中東で衰えたことによって力の真空が生じ、そこにソ連が割って入るという事態だった。一九五七年一月一日に連邦議会議員の一団と面会したアイゼンハワーは「中東に現在存在している力の真空は、ソ連に先を越される前にアメリカが埋めなければなりません」と述べている。さらに、一月五日に議会に提案された、いわゆる「アイゼンハワー・ドクトリン」に基づいて、中東の親西側諸国に経済・軍事援助を供与するための特別予算を確保することも決定された。アイゼンハワー・ドクトリンにはまた、「国際共産主義によって支配されている、あらゆる国からの公然たる武力侵攻」をも阻止するため、必要ならば武力に訴えると威嚇するものでもあった。アメリカの政策決定者はいまや中東を冷戦の最前線とみなしていたが、この中身が曖昧なドクトリンは、アメリカが中東への関与を深めつつあることを明確に示していた。さらにこのドクトリンは、翌年、アイゼンハワーがレバノンに米軍を派兵するための口実を与えることになった。その背景にあったのは、イラクの軍事クーデターで親西側的な独裁体制が転覆され、中東におけるアメリカの信頼性に対する疑念の高まりがあった。しかし中東に不安定をもたらしている根源的な要因——アラブ・

イスラエル紛争や、西ヨーロッパ帝国主義の遺産に対するアラブ諸国の根強い怒りの感情、過激な汎アラブ民族主義が持つ求心力――は、アメリカが兵力を展開したり、経済的な「アメ」を提示したり、さまざまな外交的手段を駆使したり、中東諸国間の地域紛争の調停に乗り出したりしても、結局のところ取り除くことができなかったのである。

ちょうどこの頃には、東南アジアも激しい冷戦対立の場となっていた。深刻な経済状況や植民地から独立への移行の遅れ、インドシナとマラヤでくすぶり続ける植民地紛争などの問題が政情不安をもたらし、東南アジア全域が共産主義の浸透しやすい状況となっている。こうした懸念をアメリカの政策決定者たちは抱いていた。彼らは、東南アジアにおけるアメリカの安全保障上のリスクはきわめて高いと判断していたのである。当時アメリカ国務省のソ連専門家の一人だったチャールズ・ボーレンは、次のように述べている。「東南アジアが共産主義の手に落ちた」としたら全般的な勢力均衡にきわめて深刻な影響を与え、「私たちは冷戦に負けることになる」。また一九五二年半ばにはアチソン国務長官もアンソニー・イーデン英外相に次のように述べ、ボーレンと同様の見方を示している。「もし私たちが戦わずして東南アジアを失うようなことがあれば、私たちは敗北したことになります」。だからこそ「私たちは東南アジアを救うために最大限の努力をしなければならないのです」。

中東におけるアメリカの最も大きな懸念が、この地域の混乱につけ込んでソ連がここに足場を築く可能性であったとすれば、東南アジアにおけるそれは、中国が露骨な軍事攻撃によって拡張主義的な目的を達成する可能性であった。一九五二年六月にトルーマンが承認した政策文書の中で、国家安全保障会議（NSC）はアメリカの最も重要な関心事項について詳しく論じている。この文書では、東南アジアの国がどこか一国でも中国・ソ連圏へと寝返れば、その「心理的、政治的、経済的な影響は決定的なものとなり」、「その他の東南アジアの国々もまもなく、共産主義に屈服する、あるいは共産主義側と提携することになるだろう」との警告が発せられていた。すなわち、ある国が共産主義者によって支配され、それに対して即座に強力な反撃が加えられなければ、その国の周辺地域の全体、さらには、それを超えて共産主義支配が拡大する、というドミノ効果が生じると予想されていたのだ。そこから今度は、西ヨーロッパと日本の経済にきわめて重大な悪影響が及び、西側にとって死活的に重要な戦略的資源へのアクセスが途絶し、アメリカの大国としての信頼性と威信が打撃を受ける。そして、歴史は西側の民主主義国ではなく、共産主義の側にあるという考え方が影響力を持つことになるというのだ。

一九四六年以降のインドシナでは、共産主義勢力が主導するヴェトミンの反乱勢力が、それを鎮圧しようとするフランスの動きを阻止してきた。そしてそれを大きく支えていたのは中国の軍事・兵站支援であった。こうした状況におかれていたインドシナは、共産主義が最も勝利しやすい地域のように見えた。インドシナが東南アジアにおけるアメリカの封じ込めの最重要地点となったのはそのためである。フランスの戦争努力を基本的に支えていたのは、朝鮮戦争の直前に開始され、その後の数年で急速に増額されたアメリカの軍事援助であった。しかし一九五四年初めまでにはフランスの国民も政府も、莫大な費用がかかり、長期化し、しかも非常に不人気な戦争にうんざりするようになっていた。そこでフランスは、アメリカの助言を拒否してスムーズな外交的解決を模索した。その結果、一九五四年五月にはスイスの都市ジュネーヴで、インドシナに関する大国間会議が開催されたが、その直後、ヴェトナム北西部の僻地ディエン・ビエン・フーにおいて、ヴェトミン軍がフランス駐屯軍に対する決定的勝利を収めたのである。こうした事態の展開は、フランスのインドシナ統治を終わらせる動きを加速することになった。戦場で失ったものを国際会議の交渉の場でも取り返せなかった西側諸国は、北緯一七度線で暫定的にヴェトナムを分割し、ホー・チ・ミン率いるヴェトミンにヴェトナム国土の北半分を与えることに同意した。一方、ヴェトナムの同盟国であったソ連と中国は「パン半分のほうが、なにもないよりはまし」ということわざに従って、国土の半分で妥協するようホー・チ・ミンに圧力をかけた。そのためホー・チ・ミンは不満を強めたのである。中ソがこうした行動をとったのは、朝鮮戦争の停戦直後にアメリカを挑発し、再び西側と軍事的に衝突するリスクを避けたかったからであった。

一方アイゼンハワー政権は、フランスにとっては屈辱的な国家的敗北であり、アメリカにとってもグローバルな冷戦戦略上の蹉跌を意味したインドシナ戦争の結果から、何かしらでも取り返したいと考えていた。共産主義のさらなる東南アジア進出に対して防衛線を引くため、アメリカは一九五四年九月の東南アジア条約機構（ＳＥＡＴＯ）創設を主導した。ＳＥＡＴＯはアメリカ、フランス、イギリス、オーストラリア、ニュージーランド、フィリピン、タイ、パキスタンの八カ国からなる、緩く、実質的な効力をほとんど持たない反共同盟であったが、これによってアメリカは中国とソ連に対抗す

ヴェトナム民主共和国［北ヴェトナム］大統領のホー・チ・ミン（© Bettmann/ Corbis）。

る決意を示そうとしたのである。アイゼンハワーやダレス国務長官をはじめとするアメリカ政府首脳は、フランスに代わってアメリカが南ヴェトナムに対して影響力を行使するため、迅速な動きを展開した。建国まもない南のヴェトナム共和国に資金や政策アドバイザー、物資を提供することで、それが武力あるいは選挙によって北ヴェトナムに吸収されることを阻止しようとしたのである。また一九五六年にはヴェトナム全土での選挙が予定されていたが、この選挙がホー・チ・ミンの圧勝に終わると確信していた「南ヴェトナムの」親米派ゴー・ディン・ジェム大統領は、選挙の実施を拒否した。こうしてヴェトナムは、ドイツや朝鮮と同じように、冷戦の緊張の中で分断され、その統一に非常に大きな危険を伴うもう一つの国家となった。

中東、東南アジア、そして第三世界全体において、一九五〇年代のアメリカは秘密工作を展開することで外交目標を達成しようとし、その数も次第に増大していった。実際、アメリカの政策決定者たちは中央情報局（ＣＩＡ）を重宝するようになっていった。ＣＩＡには効率的で、費用対効果が高い行動を期待することができたし、通常兵器を使う必要もなかった。そして、もし秘密のベールがはがれた時にはもっともらしく否定することもできた。一九四九年から一九五二年にかけてＣＩＡの人員と予算は急速に増加し、その海外支部も七カ所から四七カ所へと大幅に増えた。前述した通り、ＣＩＡは一九五三年にイランのモサッデク政権転覆計画において大きな役割を果たした。その翌年にグアテマラの左派指導者であったハコボ・アルベンス・グスマンが権力の座から追い落とされた際にも、やはりＣＩＡは大きな役割を演じている。グスマンは、アメリカ企業であるユナイテッド・フルーツ社を国有化し、また、グアテマラの小規模な共産党に対しても寛容であった。そのためアメリカは、グスマンは危険で過激な人物であり、ソ連に西半球で影響力を拡大するための足がかりを与えかねないと見ていたのだ。モサッデクとグスマンが共産主義者の「たまご」だというＣＩＡの評価は的外れなものではあったが、イランとグアテマラに対するアメリカの介入は、第三世界における政治的な変化の行方に関して、どれほどアメリカが強い懸念を抱いていたかを示していたのであり、この点は近年出版された多くの歴史研究でも明らかにされている。イランとグアテマラでの政権転覆工作の成功によって、ＣＩＡがほぼ無敵な謎の諜報機関であるかのようなイメージも生まれた。しかし、そのためアイゼンハワーとそれ以降の大統領は秘密工作に頼りすぎることになり、かえって逆効果を生んでしまったとも考えられる。たとえば、一九五七年にシリアで実施された、反西側的な政権に対する秘密工作は裏目に出ている。また、その翌年にはインドネシアで、準軍事手段を用いた無謀ともいえるスカルノ政権打倒工作が行われたが、ここでも同様の結果となった。シリアとインドネシアの秘密工作は暴露され、どちらもアメリカの大義に傷をつけることになった。しかし、次第に強まっていった秘密工作への「中毒」を断ち切るのは難しかった。秘密工作への過度な依存が生じた理由の一部は、手軽で、費用対効果の高い方法で成果を上げることができるという誘惑であった。そして、同じ予算上の制約からアメリカは、外交目的を達成するために核兵器に依存するようにもなっていったのだ。

3　軍拡競争

朝鮮戦争の勃発後に米ソ両国は、通常兵力と核兵器の両面で大規模な軍備拡張を開始した。一九五〇年から一九五三年にかけて、アメリカは軍の人員を百万人以上増員し、航空機、海軍の艦艇、装甲車両その他、通常兵器の生産を大幅に拡大した。しかし、核兵器はそれをさらに上回る規模で増強された。一九五二年一〇月にアメリカは、熱核兵器――すなわち水素爆弾――の実験に成功した。それは広島と長崎に投下された原子爆弾よりもはるかに強力な兵器であった。一九五四年一〇月にはさらに大きな破壊力を持つ水爆の爆発実験にも成功し、核爆弾の運搬手段も同様のペースで開発が進んだ。一九五〇年代末までアメリカの核抑止力は、ヨーロッパの前進基地からの往復作戦[訳注9]によってのみソ連領内への攻撃が可能な中距離爆撃機に依存していた。しかし一九五〇年代末までに、アメリカは、アメリカ領内の基地からソ連の標的を攻撃することが可能なＢ52大陸間爆撃機を五三八機配備して核攻撃力を増強した。さらに一九五五年にアイゼンハワーは、アメリカ本土からソ連に向けた核弾頭の発射を可能にする大陸間弾道ミサイル（ＩＣＢＭ）の開発を命じた。そして、一九六〇年には最初の潜水艦発射の弾道ミサイルに加えて、第一世代のＩＣＢＭの配備が開始された。

訳注9　基地から爆撃機を出撃させ、ソ連領内の標的に核兵器を投下した後、基地に帰還する作戦のこと。

これらの配備によってアメリカは、念願だった爆撃機、地上発射ミサイル、潜水艦発射ミサイルからなる「三本柱（トライアド）」の核兵器を獲得したが、この三本柱はそれぞれソ連の主要な標的を完全に破壊する能力を備えていた。アイゼンハワーが大統領に就任した一九五三年の時点では、アメリカが保有する核弾頭は約千個だったが、政権最後の年である一九六〇年には一万八〇〇〇個にまで増大していた。さらに、その時までにアメリカ戦略空軍（ＳＡＣ）は、ソ連の標的に核爆弾を投下する能力を備えた戦略爆撃機を合計一七三五機保有していた。

ソ連も、アメリカに引き離されないよう努めた。一九五〇年代半ばにフルシチョフは、途方もない額の防衛費を削減するため兵員数を削減するよう命じたが、それ以前の一九五〇年から一九五五年にかけて赤軍は兵員を三〇〇万人増員し、約五八〇万の軍を組織していた。しかし兵員数ではアメリカおよびＮＡＴＯに対して著しく優位にたっていたソ連も、それ以外のほとんどすべての軍事的手段において大きく西側に水をあけられていた。ソ連と西側の軍事的格差はとくに核兵器の面で顕著だった。一九五三年八月にソ連は、初めて熱核兵器の実験に成功し、一九五五年一一月にはさらに強力な水素爆弾の実験を行った。しかし、核弾頭の運搬能力については非常に限られたものにとどまっていた。一九五五年より前の段階では、ソ連はアメリカに核攻撃を仕掛ける能力は持っておらず、爆撃機で西ヨーロッパの標的を狙うしか抑止手段はなかった。一九五〇年代末になってもソ連の戦略爆撃機部隊は、北極基地からの片道作戦でようやくアメリカ大陸に到達する程度のレベルでしかなく、しかもこの作戦はアメリカの迎撃機に対して非常に脆弱であった。ソ連がＩＣＢＭの生産・配備を開始したのは、ようやく一九六〇年代初めのことだったのである。つまり、一九五七年にソ連が行った世界初の地球周回軌道人工衛星「スプートニク一号」の打ち上げは派手に宣伝されはしたものの、実際のところ、あらゆる重要な技術的側面においてソ連はアメリカに後れをとっていたのだ。米ソ両超大国の核能力の比較に関する一九五三年のＮＳＣでの議論を受けて、アイゼンハワーが「ソ連は震え上がっているに違いない」と述べたというエピソードは当時の様子をよく物語っている。

しかし、逆説的なことだが、一九五〇年代後半になるとアメリカ国内の一部の人たちから、アイゼンハワーは米ソ間の「ミサイル・ギャップ」拡大を許したと批判する声が上がるようになった。こうした批判の背後には、次のような懸念が存在していた。一九五七年八月にソ連が初のＩＣＢＭ実験に成功し、その二カ月後には人工衛星「スプートニク一号」打ち上げにも成功したことで、それまで大げさに持ち上げられていたアメリカの技術的優位が大きく揺らいだのではないかというのである。宇宙開発競争でソ連がアメリカを打ち負かしたように見えたことに加えて、フルシチョフが開発中の長距離ミサイルの数を自慢し、誇示することを好んだことから、一部の冷静な戦略分析の専門家たちですら、ソ連の軍事技術の向上に不安を感じるようになった。軍事力のバランスが西側から東側へと移りつつあるのではないかと懸念する向きもあり、その原因を、「物質的な繁栄を享受することにふけり、国家的な目的を喪失したという意味で」アメリカ社会が「軟化」したことや、数学や科学に関する子供たちの能力が低下したことに求めるものもいた。しかし、アイゼンハワーは冷静さを失わなかった。ソ連領空で極秘裏に行われていた偵察飛行の写真から、アイゼンハワーは、そのような事実は存在しないと確信していたのだ。実のところアメリカは、運搬可能な核兵器でソ連を大きくリードしていた。にもかかわらず、ミサイル・ギャップをめぐる政治的な混乱は続き、一九六〇年の大統領選挙では、実際には存在しないこの問題が大きな争点となった。

記録に残されている人類の歴史を通じて、軍拡競争は国家間の競争の大きな特徴であったが、冷戦時代の軍拡競争の性質を独特のものにしたのは、もちろん核兵器であった。研究者や政策分析の専門家、政府の戦略立案専門家たちは、他に類を見ないほどの破壊力を備えた兵器の存在が、冷戦の輪郭と展開にどのような影響を与えてきたのか、長きにわたって考察してきた。これはきわめて重要でありながら、正確な答えを導き出すのが難しい問題である。核兵器が超大国間の関係に一定の安定性をもたらしたのはおそらく事実であり、また、ヨーロッパにおいてあからさまな武力衝突が発生する可能性を低下させたこともほぼ間違いない。通常兵器を用いたソ連の侵攻に対抗するためのＮＡＴＯの基本戦略は、ヨーロッパにおける戦争はすべて核戦争へと発展するという前提に基づくものであった。いったん紛争が始まったら、攻撃する側も、防御する側も甚大な人的被害を受けることは必至であるため、そのような衝突を避けようという強い心理的な動機が双方に働くはずだというのである。一九五六年一月のＮＳＣ会議の席上、アイゼンハワーは、彼自身が核戦略をめぐる議論において「考慮すべき最も重要な要素」と考えていたものについて言及している。それは「熱核戦争に勝者はいない」という事実であった。

しかしその一方、大統領に就任した年にアイゼンハワーは「戦争行為が生じた場合、アメリカは核兵器を、他の通常兵器と同様に使用可能な兵器とみなすだろう」という立場を公式ドクトリンとして認めていた。またアイゼンハワー政権は一九五三年一一月、最初の戦場用核兵器をドイツに導入することを承認し、すでに詳述した核兵器とその運搬システムの大規模な増強を開始した。さらにアイゼンハワー政権は、「大量報復」をアメリカの国防体制の中核的原理とし、朝鮮戦争の最終段階や、一九五四年から一九五五年にかけて発生した台湾海峡危機の際には核兵器を使用する可能性をちらつかせた。台湾海峡危機における核の威嚇は、中国政府の抑止を目的として行われたものであった。

端的に言えば、原子力時代の最初の一五年間にアメリカは、核兵器それ自体と、国家安全保障上の目的を達成するうえで核兵器が持つ価値について、いくぶん矛盾した態度を示していたといえる。すなわち、アメリカは、誰も勝者にはなれない核戦争という愚行を公式・非公式に激しく非難しつつ、同時に、核兵器における明白な優位を確立するという目標に向かって邁進したのだ。次の章で詳しく見ていくように、台湾やベルリン、そしてキューバをめぐる危機の際に、核兵器における優位が、アメリカをリスクの高い行動へと駆り立てたことはほぼ確実である。そして、そのことがすでに危険な局面に達していた冷戦を、さらに危険なものにしたのだ。

第5章
対立からデタントへ
●一九五八〜一九六八年

一九五〇年代後半に冷戦は、最も危険だったと考えられる局面、すなわち全面核戦争の危険性が最も高かった時代へと突入した。次々と発生した国際的危機は、ソ連がキューバに配備したミサイルをめぐって米ソ間に発生した一九六二年のキューバ危機で頂点に達し、世界は核戦争の危険に直面させられた。こうした戦争のリスクを冒す傾向とレトリックの激しさは、米ソ双方において一九四〇年代後半を思い起こさせるレベルにまでに高まった。

ソ連のフルシチョフ首相は、ソ連の経済力と技術力について大言壮語し、また、ソ連がソーセージのようにミサイルを生産する日も近いという悪名高い発言を行って、アメリカの専門家たちを震え上がらせた。一九六一年一月にフルシチョフは、民族解放戦争を積極的に支援する考えを表明した。彼によれば、この戦争は「帝国主義が存在し続け、また植民地主義が存在する限り続く」のである。そして、西側を葬り去ることが共産主義陣営の宿命だ、というのがフルシチョフの口癖であった。

アメリカ大統領に就任したばかりのジョン・F・ケネディも、フルシチョフに負けてはいなかった。フルシチョフが民族解放戦争の支持を表明したのと同じ一九六一年一月、ケネディは最初の一般教書演説において、「どのような軍事攻撃をも無意味にするような、強力な自由世界の軍事力」を構築するため、十分な予算を配分するよう強く議会に要請した。ソ連も中国も「世界支配の野望をあきらめてはおらず」、「アメリカは国家的な危難にさらされて」おり、アメリカ国民がそれに耐えうるかどうかも「全く不透明」だ。若き大統領はこのように語って世界情勢の見通しが明るくないことを明らかにし、そして次のように強調した。「日に日に危機は深刻化し、日に日にその解決は難しくなっています。兵器が拡散し、敵の勢力が強化されていくなか、わが国は日に日に最も危険な状況へと近づいています」。

本章では、一九五〇年代後半から一九六〇年代前半を、絶え間ない危機の時代にした出来事と要因について検討する。また、一九六三年に始まった米ソの部分的な和解と、それを頓挫させる危険性をはらんでいた、ヴェトナムに対するアメリカの関与の深まりについても考察してみたい。

1 「最も危険」な時代――一九五八〜一九六二年

一九五八年から一九六二年の五年間は、それまでにないほど東西間の危機が続発した時期であり、そのうちのいくつかは核戦争の瀬戸際までいったほどの出来事であった。一九五八年の一年間だけでも、アメリカがインドネシアに秘密介入を行い、親西側政府を転覆させたイラクの流血クーデターが発生したことを受けてアメリカがレバノンに海兵隊を派遣した。さらに台湾をめぐって米中間で、また、ドイツをめぐって米ソ間で、それぞれ一連の危険な対決が発生したのもこの年であった。

アメリカの海兵隊がレバノンに上陸した二日後の一九五八年七月一七日、毛沢東は、台湾海峡におけるアメリカとの対決に向けて、準備を開始することを承認した。毛沢東の狙いは、「アメリカ帝国主義者がどう出るかをはっきりさせ、そして中国が中東の民族解放運動を支持していることを、言葉だけではなく、行動でも証明」することにあった。このような大胆な行動をとることで、フルシチョフが「帝国主義者に対して」示している、軽蔑すべき穏健な態度をあざけることができる。そうすれば、第三世界の革命勢力に対するリーダーシップを北京が獲得し、また、自身が進めようとしていた過激な国内政策を支持するよう、中国の人民を動員するうえで役立つと毛沢東は考えていた。八月二三日に毛沢東の人民解放軍は、蔣介石の国民党軍が領有を主張し、防衛にあたっていた金門島と馬祖島への砲撃を開始した。一九五四年から一九五五年にかけての台湾海峡危機の際と同様、アイゼンハワーとダレスは、中国による砲撃が台湾に対する本格的な侵攻の序曲ではないかとの疑いをすぐに抱いた。しかもアメリカは台湾防衛を条約で誓約していたのだ。そこでアイゼンハワーは、米軍に最高レベルの警戒態勢を発動し、台湾海峡に強力な艦隊を急遽派遣した。さらにアイゼンハワーは、核兵器を装備した部隊の増派についても承認した。アイゼンハワーは、決意を明確に宣言したうえで圧倒的な戦力を誇示することによって中国の侵攻を抑止しようとしたのである。

九月初めにフルシチョフは、アンドレイ・グロムイコ外相を北京に派遣して危機の鎮静化を図った。グロムイコは、中国側が繰り返し虚勢を張るのを聞いて「仰天」した。中国側は、自らの行動がアメリカとの「局地戦」につながる可能性が高いことを承知のうえで、「原子爆弾や（中国の）複数の都市の破壊を含めて、大きな損害をすべて甘受するつもりである」との立場をグロムイコに伝えたのである。事実、アメリカは核兵器を使って応戦する準備を進めていた。軍事問題を担当するアイゼンハワーの補佐官たちは、中国の軍事施設に対して小規模な爆発力を持つ核兵器を使用するよう主張していたが、それは――彼ら自身が認めていたように――民間人に数百万人規模の死傷者を出す行為であった。九月一九日、フルシチョフはアイゼンハワーに対して、ソ連も「原子爆弾と水素爆弾を所有している」と強調する脅迫的な内容の書簡を送付して、その代償が高くつくことを示そうとした。もしアメリカが中国に原爆や水爆を使用するようなことがあった場合、「それは世界戦争へと発展し、アメリカ人の子弟にも確実に死が訪れるだろう」とフルシチョフは警告した。

一〇月六日に毛沢東は、アメリカが台湾海峡から艦隊を撤退させるのであれば、金門島と馬祖島に対する砲撃を一週間停止すると、一方的に発表した。これによって危機は鎮静化した。大事に至ることなく終わったとはいえ、台湾海峡危機は、この例外的なまでに緊迫した冷戦の一局面について、いくつかの重要なテーマを明らかにしている。第一に、毛沢東は、中国本土に対して壊滅的な核攻撃が行われる可能性を承知のうえで、アメリカとの軍事的な対決を引き起こそうとしたのである。このような毛沢東の無鉄砲さは、冷戦期の中国が、何をしでかすのか予測不可能な、危険な国であったことを示している。第二に、台湾海峡における膠着状態は、死活的な重要性を持たない地域においてすら、アメリカは核兵器の使用に踏み切る用意があったことを示している。アイゼンハワー政権は毛沢東のギャンブルをアメリカの信頼性が試される重大局面とみなし、それゆえ毅然とした対応が必要だと判断した。アメリカが台湾を通常兵力だけで防衛することは不可能だったため、核兵器とそれを使用するという威嚇しか抑止手段はなかった。もし毛沢東が引き下がらなかった場合――実際、毛沢東はアメリカの態度はこけおどしだと言っていた――アイゼンハワーは中国に対する核兵器の使用を承認しなかった、と考えうる理由はない。最後に台湾海峡危機は、当時次第に高まりつつあった中ソ対立が、より大きな冷戦の中で重要な意味を持っていたことを明確に示すものであった。中ソはいずれも、共産主義世界におけるリーダーの地位を獲得するため、自国の強さとイデオロギー上の純粋さを示そうと決意していた。このような、共産主義陣営の二つの大国の間に生じた相互不信と対立が、次第に国際情勢を不安定化させる要因となっていくのである。

台湾海峡危機に続く大きな冷戦危機を引き起こしたのはフルシチョフであった。その理由の一部は、ソ連が西側に対して、弱腰で煮え切らない態度をとるようになっているという批判に対抗することであった。毛沢東と同じように、衝動的で向こう見ずな気質のフルシチョフはベルリンをその標的に選んだ。一九五八年一一月一〇日、突如フルシチョフは、ソ連が東ドイツと新たな条約を調印するつもりであることを明らかにした。旧ドイツの首都であるベルリンは、「戦後一三年を経た一九五八年になっても」依然、連合国の共同占領が続いているという異例な状況におかれていたが、ソ連と東ドイツの新条約は、この共同占領を法的に規定した第二次世界大戦期の協定にとって代わるものとなるというのである。またフルシチョフは、後日出された別の宣言において、ベルリンは非武装の「自由都市」へと生まれ変わらなければならず、もし西側がベルリンにおける西側兵力の存在と、ベルリン・西ドイツ間の通行権の維持を望むのであれば、東ドイツと直接交渉しなければならないと述べた。そして、その交渉期限を一九五九年五月二七日までの半年間に区切ったのである。アメリカは西ドイツ国境から一六〇キロメートル以上も離れたベルリンをめぐって戦争の危険を冒すことを望まない。このように読んだフルシチョフは、ソ連の外交政策の強さと大胆さをあらためて証明できると考えていた。また当時、自由に通行できる東西ベルリンの境界を越えて、東ドイツから西ドイツへの大規模な人口流出が続いていたため、ソ連の衛星国東ドイツを支援することもフルシチョフの目的の一つであった。フルシチョフはその威圧的なスタイルで、グロムイコ外相に次のような侮蔑的な内容の書簡をアメリカ側に手交させている。「西ベルリンにおける占領国の特権を維持するために、わざわざ戦争の危険を冒すのは狂人だけである」。

このソ連の挑戦は、西側最大の弱点を突くものであった。アメリカとその主要ＮＡＴＯ同盟国は、次のような意見で一致していた。すなわち、ベルリンにおける西側の権利を放棄すること、あるいは東ドイツとの直接交渉によってその政治体制の正統性を認めることは、依然としてドイツ統一という目標を掲げているアデナウアーの西ドイツに短刀を突き刺すようなものだというのである。しかし、ソ連の勢力圏内にある、防衛不可能な西側の陸の孤島をめぐる戦争の可能性について議論すれば、西側諸国間に不和の種がまかれることも確実であった。もちろん、そのようにソ連が読んでいたことは間違いない。実際、イギリス首相のハロルド・マクミランはアメリカ側に、イギリスには「かつては敵であった、ベルリンに住む二〇〇万人のドイツ市民のために、大規模な破壊に直面する用意はありません」と率直に伝えている。同盟の庇護者としてのアメリカの信頼性と、西側同盟の存続が危険にさらされていると考えたアイゼンハワー政権は、ここでも断固とした姿勢を貫く――すなわち、核戦争のリスクを冒す――ことを選択した。アイゼンハワー、ダレス、そして統合参謀本部は、通常兵器だけでは西ベルリンを防衛できないことを重々承知していた。つまり、ベルリンが持つ象徴的な重要性ゆえに、アメリカは、ベルリンにおける西側の権利を守るために核兵器を使用する用意があったのだ。

現状維持のためには戦争すら辞さないというアメリカの断固たる決意を理解したフルシチョフは、五月二七日のタイムリミットが通り過ぎるのをそのまま見送った。方針を転換したフルシチョフは、ベルリンをはじめとする東西間の懸案事項について議論するために四カ国外相会談を開催するという、西側の提案に同意した。フルシチョフは、外相会談に続いて、首脳会談が開催されることを期待していた。ここで強調しておくべきは、核兵器における圧倒的な優位が、ベルリン危機や台湾海峡危機の際、アメリカに大胆な行動をとらせ、そして、核戦争の瀬戸際に相手を追い詰める政策によって、ソ連を引き下がらせることができたことである。

一九五九年秋にフルシチョフは、アイゼンハワーの招きに応じてアメリカを訪問した。これは、ジャーナリストたちが「キャンプ・デイヴィッド精神」と呼んだ、つかの間の緊張緩和が米ソ間に到来したことを告げる出来事であった。アイゼンハワーとフルシチョフはベルリン問題の行き詰まりを打開することはできなかったが、その翌年の春にパリで開催される首脳会談に出席することに合意した。しかし、このパリ首脳会談の開幕直前に、ウラル山脈上空を飛行していたアメリカのU2高高度偵察機をソ連側が撃墜したことが、米ソ関係に大きな打撃を与えた。一九五六年から行われていたU2による偵察飛行を通じて、アイゼンハワーはソ連のミサイル計画と、その限界に関する重要な情報を入手していたのだ。U2撃墜事件を受けてフルシチョフは、その影響が拡大しないよう努めるのではなく、むしろ、この事件を可能な限り宣伝戦に利用しようと考えた。そこでアイゼンハワーが偵察飛行について公式に否定した後になって、フルシチョフは、アメリカ人のU2操縦士であるフランシス・ゲーリー・パワーズの存在を大げさに公表し、アイゼンハワーの立場を貶めようとした。そしてフルシチョフは、その公式会合が開幕する前にパリ首脳会談を退席した。アイゼンハワー政権末期の米ソ関係は、八年前にアイゼンハワーが大統領に就任した時よりも悪化していた。そしてまもなく米ソ関係はさらに悪化の度合いを強めるのである。

一九六一年六月にフルシチョフは、オーストリアのウィーンでアメリカの新大統領ジョン・Ｆ・ケネディと会談した。くすぶっていたベルリン危機の炎を、フルシチョフが再び燃え上がらせたのは、緊張感漂うこの会談の最中であった。せっかちな性格であったフルシチョフは、ベルリンの地位が変更されないのであれば、半年以内にソ連は東ドイツと単独平和条約を結ぶつもりであると伝えた。フルシチョフは、アメリカがベルリン問題をめぐって戦争に訴える気なら、「ソ連としては何もできることはありません……いずれ歴史がソ連の行動について審判を下してくれるでしょう」と恫喝した。外交経験の少ないケネディは、フルシチョフのこの挑発的な発言に困惑し、アメリカと彼自身の信頼性が直接的に挑戦を受けていると考えた。そしてケネディは、この局面で実行できるのは断固たる姿勢を見せることだけであり、主張を譲ればベルリン以外の地域でソ連の侵略を招くだけだと判断したのである。七月二五日の演説においてケネディは、「わが国は共産主義勢力によって段階的にも、力によってもベルリンから駆逐されることを許すことはできませんし、そのような事態を許すつもりもありません」と宣言した。そしてこの強硬な発言に裏打ちを与えるため、ケネディは、三二億ドルの国防補正予算、予備役招集の承認、将来予想される核攻撃からアメリカ国民を守るための核シェルター・プログラムに必要な追加予算二億七〇〇〇万ドルを承認するといった措置をとるよう、議会に要請した。

フルシチョフが西側に挑戦的な態度をとっていた裏では、時限爆弾が刻一刻と時間を刻んでいた。

1961 年 6 月のウィーン首脳会談開幕時に握手を交わすケネディとフルシチョフ（US National Archives and Records Administration）。

東ドイツ市民が、驚くほどのペースで西ドイツに亡命していたのである。一九四九年から一九六一年半ばまでの間に、約二七〇万人もの東ドイツ市民が西へと逃亡したが、これは当時のアイルランド共和国の総人口に匹敵する数であった。そしてその大部分は脱出口としてベルリンを利用していた。この問題は、ソ連の衛星国であった東ドイツ国家の生存と、その強硬派の指導者ヴァルター・ウルブリヒトの立場を大きく脅かしつつあった。一九六一年の夏を通じて東ドイツから亡命する市民の数が日々増加していくなか、突如東ドイツは、ベルリンのソ連占領地区と西側占領地区とを隔てる有刺鉄線の障壁を建設し始めた。八月一三日に建設された一時的な障壁は、まもなく、武装した衛兵が警護する恒久的な壁となり、そして西側陣営と共産主義陣営の二つに分断されたヨーロッパを、醜悪かつ不吉な形で象徴するものとなった。たしかに戦争は回避され、フルシチョフは東ドイツにある種の延命措置を施すことができた。しかしながらそれは、ソ連と東ドイツにとって高い政治および宣伝戦上の代償を伴うものであった。「壁は決して良い解決策とは言えないが、戦争よりはずっとましだ」、と現実主義者のケネディは語った。そして幸運なことに、「ベルリンの壁が作られたことで」ケネディは、数千万人規模の死者を出すことがほぼ確実な戦争の危険性を冒すだけの価値がベルリンにはあるのか、という根本的な問いに直面せずに済んだのだ。

危機が続発したこの時代、米ソの政策決定者たちはベルリン以外の国際紛争にも目を向けることになったが、その多くは絶え間なく混乱が続いていた第三世界の紛争であった。アフリカでは、一九六〇年の一年間だけで一六カ国が独立を果たし、帝国支配の終焉が比較的スムーズに進んでいた。しかし、その一九六〇年にはベルギーによるコンゴ支配が混乱の中で終局を迎えることで、米ソが本格的に対立するもう一つの事態が発生した。ソ連がパトリス・ルムンバ[訳注10]率いる新政府を支援するために武器や技術者を派遣する一方、アメリカは暗殺チームを派遣したが、さまざまな困難に直面していたルムンバの排除には失敗した。アメリカはルムンバを過激な急進主義派であり、コンゴにおけるソ連勢力の隠れ蓑だと誤解していた。一九六一年には親米派のコンゴ人勢力がルムンバを殺害し、ＣＩＡが失敗したその暗殺を成し遂げたが、同じころには、アメリカにとって望ましい指導者と思われたジョ

訳注10　ルムンバはコンゴ共和国、現ザイールの初代首相。

セフ・モブツがコンゴ新政府の有力指導者として浮上しつつあった。たとえそれが、困窮し、絶え間なく紛争が続くアフリカの旧植民地に対して、冷戦の地政学を押し付けるという代償を伴うものであったとしても、アメリカは中央アフリカにおけるソ連の野心を一時的に阻むことに成功したのだ。

一九五〇年代後半から一九六〇年代前半にかけては、インドシナも再び重大な紛争地域となった。南ヴェトナムでは、アメリカの支援を受けていたゴー・ディン・ジェム政権が、南ヴェトナム解放民族戦線の指揮下で展開されていた広範な反政府運動と戦っていた。北ヴェトナムからも強力な支援を受けていた民族解放戦線は、ジェム政権の生存を脅かしていた。一九六一年から一九六二年にかけてケネディは、ジェムに対する軍事援助を大幅に拡大し、一万人を超える軍事アドバイザーを派遣した。その目的は、その頃までに南ヴェトナムの国土および人口の約半分を掌握していた、いわゆる「ヴェトコン[訳注11]」のゲリラ勢力を打倒することにあった。同じころには、共産主義者が率いており、北ヴェトナムとソ連からも兵站支援を受けていた隣国ラオスのパテト・ラオ[訳注12]が、首都ビエンチャンで権力を握る日はそう遠くないとも考えられていた。実際、一九六〇年一二月にホワイトハウスで開催された政権移行会議の際、アイゼンハワーはケネディ次期大統領に、ラオスが「現在の東南アジア全域の鍵となるだろう」との見立てを示している。さらにアイゼンハワーは、パテト・ラオの勝利を阻止するためには、近い将来、米軍の派遣が必要となるかもしれないともケネディに警告したのである。

2　にらみ合い——キューバ・ミサイル危機とその帰結

しかし、当時のアメリカにとって最もやっかいな地域は、フロリダ半島の南端から約一四〇キロ沖合に浮かぶ島国キューバだった。キューバ育ちの革命家であり、激烈な気性とカリスマ性の持ち主であった指導者フィデル・カストロは、険しいシエラ・マエストラ山脈を拠点にゲリラ活動を開始し、首都ハバナの権力者の地位にまで上り詰めた。一九五九年一月一日までにカストロは、人気がない独裁者で、長年アメリカと同盟関係にあったフルヘンシオ・バチスタの政権を打倒し、バチスタを亡命へと追い込んだ。その後すぐにカストロは、長きにわたる経済的・政治的な対米依存からキューバを解放すべく、野心的な革命プログラムを開始した。このキューバ革命の当初からアイゼンハワー政権は、ひげ面で過激思想の持主であった若きカストロを警戒し、在キューバのアメリカ資産に対してキューバ革命がとった攻撃的な姿勢に対して、積極的に抵抗する姿勢を示した。キューバに対するアメリカの敵意に対抗するため、また、自らのイデオロギー的な親近感から、カストロはソ連に接近し、その外交的・経済的な支援を歓迎した。一方フルシチョフは、ソ連のライバルであるアメリカに、その裏庭であるカリブ海で挑戦する、たなぼたの好機に飛びついた。キューバとソ連の間で緊密な外交

訳注11　ヴェトコンは南ヴェトナム解放民族戦線の通称。
訳注12　パテト・ラオはラオス愛国戦線のこと。一九七五年に王政を廃止してラオス人民民主共和国を成立させた共産主義勢力。

及び貿易関係が成立したことを受けて、一九六〇年夏にアイゼンハワー政権は、キューバに対して禁輸措置を発動したほか、アメリカ市場へのキューバ産砂糖の流入を停止し、CIAを使ったカストロ暗殺計画を密かに推し進めた。アイゼンハワーはまた、将来、侵攻部隊として用いる可能性を念頭に、亡命キューバ人グループに対して武器援助と軍事訓練を行うことも承認した。

一九六〇年のアメリカ大統領選挙期間中、ケネディは、一貫してキューバ問題に関する発言を行った。ケネディは、カストロを「最も危険な人物」と呼び、「共産主義の衛星国家キューバ」が「アメリカの玄関口」に登場することを許したとして、アイゼンハワー大統領とリチャード・ニクソン副大統領(後者は、共和党候補としてケネディと大統領の座を争った)を激しく批判した。一一月の大統領選挙でケネディが当選すると、アイゼンハワーは、キューバ人亡命者に対する支援プログラムを拡大するようケネディに働きかけた。さらに任期切れ間近のアイゼンハワー政権は、カストロ政権によるアメリカ企業の国有化と、キューバとソ連の関係強化への対抗措置として、一九六一年一月、正式にキューバとの国交を断絶した。

カストロを排除すると決意していたケネディは、一九六一年四月、ピッグス湾侵攻作戦の実施を許可したが、これは悲惨な結果に終わった。この作戦は、カストロは国民からほとんど支持されておらず、CIAが訓練した一四〇〇人規模の部隊がキューバのピッグス湾に上陸すれば、キューバ国民は共産主義に染まった独裁者を打倒すべく立ち上がる、という前提に立って計画されたものだった。しかし、この作戦は全くの茶番劇に終わった。わずか二日のうちに、カストロ率いるキューバ軍は小規

1962年10月にキューバのサン・クリストバルに建設された準中距離弾道ミサイル基地の証拠写真（© United States Department of Defense/ John Fitzgerald Kennedy Library, Boston）。

模な亡命者部隊を打ち破って拘束し、発足まもないケネディ政権は大きな政治的敗北を喫することになった。ケネディは自らの決断が招いた結果に後悔したが、それでも、西半球にソ連の足場が存在する状況を甘受するわけにはいかなかった。そこでケネディは、カストロ政権に対する秘密の妨害・転覆工作を実施するよう再度命令したのである。その一方ＣＩＡは、ホワイトハウスの承認を得たうえで、キューバ「最高指導者」暗殺のための一連の、風変わりな計画を実行に移した。後にカストロは、「もしアメリカがキューバ革命を一掃しようとしていなかったとしたら、一〇月危機は起こっていなかっただろう」と当時を回想しているが、カストロのこの述懐に異論を唱えることは難しいだろう。

カストロの言う一〇月危機——一般的にはキューバ・ミサイル危機として知られている——は冷戦時代に米ソ間で生じた最も危険な対立であり、米ソ両国——そして全世界——が核戦争による壊滅状況へと最も近づいた局面だった。キューバ・ミサイル危機は、アメリカのU2偵察機がキューバに建設中の中距離ミサイル基地の写真を撮影した、一九六二年一〇月一四日に勃発した。その二日後、アメリカ情報部は大統領に、ソ連によるキューバへのミサイル配備を裏付ける証拠写真を提出した。この証拠写真にはきわめて切迫した状況が映し出されていた。キューバは、射程距離約三五〇〇キロメートルの中距離弾道ミサイル（IRBM）と、射程距離約一六〇〇キロメートルの準中距離弾道ミサイル（MRBM）を、あわせて一六基から三二基、ソ連から入手済みだというのである。CIAは、このミサイルは一週間以内に実戦使用が可能となり、核弾頭が搭載された状態でアメリカの主要都市に撃ち込まれれば、八〇〇〇万人規模の人的被害を生じさせる能力を持っているとの見立てを示した。ソ連によるミサイルの配備が、アメリカの安全保障にとってきわめて重大な脅威だと判断したケネディは、後にエクスコムと呼ばれる国家安全保障会議（NSC）特別執行委員会を設置した。補佐官たちから助言を得ると同時に、彼自身が近いうちに下さなければならなくなる難しい決断について、政府内部のコンセンサスを形成するためであった。危機の開始当初から、ケネディとその側近たちは、キューバへの核ミサイル配備は絶対に容認できず、それゆえ、ミサイルは即刻撤去しなければならないという意見で一致していた。このエクスコム会議は昼夜を徹して行われたが、ここで議論された最大の難問は、核戦争を引き起こすことなく、ミサイル撤去を達成するための最適な手段は何かという問題だった。

なぜフルシチョフはこうした、あからさまに挑発的なやり方でサイコロを振ったのだろうか。一九六二年五月にフルシチョフが、キューバに核ミサイルを配備するという危険な賭けを決断した背後には、互いに補完しあういくつもの理由があったことが、近年利用可能になった資料からはうかがえる。まず何よりもフルシチョフは、キューバに対するアメリカの侵攻を抑止することで、ソ連と運命をともにしてきてくれたキューバ政府を保護したいと考えていた。また、これによってフルシチョフは、ソ連に対して敵対的な姿勢を強めている中国の挑戦を退け、世界の社会主義革命勢力にとっての軍事およびイデオロギーの中心であるという、歴史的なソ連の立場を復活させることができるとも読んでいた。さらに、おそらくはこれこそが最も重要な点だと言えるが、フルシチョフはさまざまな苦難に直面していたキューバ革命に、アメリカとの大きなミサイル・ギャップを縮める思いがけないチャンスを見出していたのだ。後にフルシチョフは次のように述べている。「アメリカは軍事基地を建設してわが国を包囲し、核兵器によって恫喝してきた。敵が自分にミサイルを向けてきたらどういう気持ちになるか、今度こそわかるようになるだろう」。「彼らがいつもやっているのと同じやり方で、少しやり返してやるだけだ」。

一九六二年半ばの時点では、米ソが保有する実戦使用可能な核弾頭数には一七対一という大きな不均衡が存在していた。この事実に鑑みれば、フルシチョフがキューバに配備したミサイルは、全体的な核戦力のバランスを大きく変えるものではなかったが、それでも、アメリカ国内の標的を攻撃できるソ連の核弾頭数を二倍、あるいは三倍にまで増強することになっただろう。キューバに配備されたソ連のミサイルは、核戦略の観点からはともかく、米ソ関係の力学を、心理的・政治的にアメリカにとって不利な方向へと変える可能性を持っていたのである。

一九六二年六月にキューバがソ連の申し出を受け入れると、ソ連は秘密裡に大規模な軍事力をキューバに配備し始めた。計画通りＩＲＢＭ及びＭＲＢＭを導入することに加えて、ソ連は、ミサイル基地を防御するための地対空ミサイルや、ＩＬ28爆撃機四二機、ＭＩＧ21戦闘迎撃機四二機、さらに四万二〇〇〇人規模のソ連兵をキューバに配備した。また、当時アメリカの情報分析の担当者たちは全く気がついていなかったが、キューバのソ連軍は射程の短い、戦術核兵器を備えてもいた。そしてアメリカがキューバを侵攻した場合には、現地の司令官がその使用権限を行使するはずだったのだ。数十年後、一九六二年一〇月に九基の戦術核兵器がキューバに存在していたことを知ったロバート・マクナマラ国防長官は次のように述懐している。「なんと恐ろしいことだ。もし当時アメリカがキューバに軍事侵攻していたら、九九パーセントの確率で核戦争が始まっていただろう」。

実際、キューバ危機の初期段階では、対キューバ軍事侵攻はケネディ率いるエクスコムで検討されていた主要な選択肢の一つであった。統合参謀本部などは大規模なキューバ軍事侵攻を主張していたし、また、ミサイルの破壊を目的とする外科的空爆を強く支持するアドバイザーたちもいた。しかしケネディは、より慎重でリスクの低い対応策を選択した。ケネディは、追加の軍事物資がキューバに輸送されることを阻止するため、海上封鎖——それは隔離と呼ばれた——を実施するという決定を下した。全アメリカ国民に向けた一〇月二二日のテレビ演説において、ケネディは、アメリカが直面している事態の重大さと、実施が決定された隔離政策の概要について説明した。さらにケネディは、キューバからソ連のミサイルが発射された場合、それが西半球のいかなる場所を標的としたものであったとしても、アメリカはそれを「アメリカ本土に対するソ連の攻撃」とみなして「ソ連に対して全面的な報復攻撃を行う」と強調した。その二日後の一〇月二四日には、ソ連の船舶が隔離線の外側で航行を停止し、懸念されていた衝突は回避された。そのため、アメリカの政策決定者たちは一様に胸を撫で下ろした。ラスク国務長官がこの様子を次のように巧みな言葉で表現したことは有名である。「このことを報告する際には、次のことを覚えておくように。米ソはにらみ合った。そして最初に瞬きしたのは奴ら［ソ連］のほうだったんだ」。

しかし、危機はまだ終わってはいなかった。ミサイル基地の建設作業は依然として続いており、必要な際には対キューバ軍事侵攻に踏み切れるよう、一四万人規模の米軍がフロリダ南部に集結させられていた。また、ケネディは戦略核戦力を高度警戒態勢に置いてもいたのだ。一〇月二六日のケネディ宛て書簡の中で、フルシチョフは危機の終結に前向きな態度を示した。アメリカの海上封鎖を海賊行為だとして激しく非難してはいたものの、フルシチョフは、アメリカがキューバを侵攻しないと誓約することを条件に、キューバからミサイルを撤去する考えを明らかにしたのである。しかしその翌日フルシチョフが、前日の書簡とは別の、より好戦的な内容のケネディ宛て書簡を公開したため事態は混乱した。その書簡は、アメリカがキューバに侵攻しないと約束することに加えて、トルコに配備されたアメリカのジュピター・ミサイルを撤去するよう求めるものであった。フルシチョフは危機解決の代償を突然吊り上げたのである。アメリカの核戦略の専門家たちはジュピター・ミサイルの戦略的価値はきわめて低いと考えていた。しかし、一九六二年初めまでに運用段階に入ったジュピター・ミサイルは、ソ連にとっては核兵器における対米劣位を屈辱的なまでに象徴するものであった。

事態が制御不能になりつつあるかのように見えた一〇月二八日、米ソは暫定的な危機解決にこぎつけた。ケネディ大統領の弟であるロバート・ケネディ司法長官が重要な役割を果たし、アメリカは妥協案を提示した。それは、大筋でフルシチョフの最初の書簡の内容に基づくものであり、ソ連が受け入れることができるものであった。こうしてソ連はキューバからミサイルを撤去することに同意し、アメリカはキューバに軍事侵攻しないと約束した。そしてその直後にフルシチョフは、米ソ合意の概要をラジオ放送で明らかにした。しかし、当時公表されていなかった重要な後日談がある。フルシチョフはケネディ宛ての個人書簡において、ロバート・ケネディがソ連政府代表に対して約束したように、将来、トルコからジュピター・ミサイルを撤去することが、米ソ間の合意の基本的要素だと彼は理解していると伝えていた。しかし、アメリカ側がジュピター・ミサイルの撤去とキューバ情勢の関連を公にしないよう強く主張したため、この二つが、公然と結び付けられることはなかった。トルコに配備されたミサイルは、形式上NATOの管理下に置かれていた［ため、アメリカ一国ではその撤去を決定できない］ことがその理由であった。

1960年9月、国連総会出席のために訪れたニューヨークで抱き合うソ連のフルシチョフとキューバのカストロ（© Corbis）。

過去四〇年間にわたって研究者や政策の専門家、かつての政府高官たちが、あわや人類の大惨事であったキューバ危機のあらゆる側面について活発な議論を交わしてきた。しかしその意味付けに関する考え方は、きわめて多岐にわたっている。ケネディが見事な危機管理能力を発揮し、厳しい状況下でもきわめて冷静な態度を崩さなかったことを高く評価する者もいる。その一方で、キューバへのミサイル配備がアメリカに優勢な核戦力バランスを根本的に変えるものではなかったにもかかわらず、それをめぐって核戦争、そして数千万人規模のアメリカ人、ソ連人、キューバ人、ヨーロッパ人の生命を犠牲にすることをいとわなかったケネディの態度を激しく非難する者もいた。エクスコムにも参加したディーン・アチソン前国務長官は、後に、キューバ危機におけるケネディの成功は「完全なまぐれ」だったと述べている。一九六二年一〇月に世界が限りなく核戦争に近づいたことを考えれば、このアチソンの見方は最も妥当な評価だと言えるかもしれない。しかし同じ理由から、より強硬な対応を求める軍事アドバイザーたちの強力な突き上げに直面しても、本能的にケネディが慎重かつ賢明にふるまい、前代未聞の危険に満ちた事態を平和的な終局へと導くことができたという点も見逃してはならないだろう。

キューバ・ミサイル危機は、それ以前の台湾海峡やベルリンをめぐる危機と同じく、冷戦における核兵器の不均衡の重要性を明確に示すものであった。アメリカの政策決定者たちは、いかなる対立においてもソ連を引き下がらせることができるとの確信を持っていた。この意味で核兵器におけるアメリカの圧倒的優位が究極の切り札であることを、米ソのいずれもが核時代の現実として認識していた。

しかし両国はまた、運搬可能な核弾頭におけるアメリカの優位は一時的なものだと認識してもいた。アメリカの専門家は、近い将来にソ連は核兵器における均等《パリティ》に到達すると予測していた。一方、ソ連の国防計画の担当者たちは、できる限り早急にアメリカとのギャップを縮めたいと考えていた。当時ソ連のエリートたちの間に広がっていた、苦い思いと断固たる決意がないまぜになった感情を胸に、キューバ危機の直後、ソ連のヴァシーリー・クズネツォフ外務副大臣はあるアメリカの外交官に次のように警告している。「あなたがたアメリカ人に、二度と同じ真似をさせはしない」。

このクズネツォフの言葉は、その後のソ連の政策を予言するものとなった。キューバ危機後、ソ連政府は、核兵器の備蓄の増加、爆撃機部隊の増強、ミサイル開発プログラムの改善を計画的に推し進めた。ほんの数年のうちにソ連は、改良された新世代のＩＣＢＭを開発し、ケネディがキューバでフルシチョフに引き下がることを余儀なくさせた時には保持していなかった力を持つにいたった。すなわち、いかなる核兵器の応酬においても、ほぼ確実にアメリカ本土に重大な損害を与えることができる能力を獲得したのである。一九六〇年代半ばまでにソ連がこうした核戦力を確保したことで、核戦力をめぐる方程式は恒久的な変化をとげ、その結果、冷戦の性質までもが変化することになる。核戦略の専門家たちは、いったん米ソの双方が、相手が容認できないレベルの損害を与える能力を持つに至れば、どちらも核戦争のリスクを冒すことができなくなるはずだと考えていた。この希望的観測に基づく論理――これは、まもなく相互確証破壊（ＭＡＤ）ドクトリンと呼ばれるようになった――によれば、米ソ両国が莫大な量の核兵器を保有することでグローバルな安全保障は強化されるはずであった。なぜなら、そうした状況下においては、核戦争は両者とも自滅させるような非合理的なものになってしまうからである。

キューバ危機が、冷戦の決定的な転換点だとみなされる理由はほかにもある。核戦争の恐怖のどん底を経験した米ソ両国の国家指導者は、キューバ危機のような対立の再発を防止する必要性を認識し、いくつかの重要な措置を講じた。一九六三年六月、ソ連政府が置かれているクレムリン宮殿とアメリカのホワイトハウスの間に「ホットライン」が開設された。危機が発生した際に、円滑に直接的なコミュニケーションを行うためである。一九六三年八月には米ソは、地下核実験を除く、すべての核実験を禁止する部分的核実験禁止条約を締結した。さらにその二カ月後、米ソは宇宙空間への核兵器設置を禁止する国連決議を承認した。双方の政治的レトリックすら目立って軟化した。一九六三年六月にケネディが、アメリカン大学の卒業式での演説において「[東西]共通の利益と、[双方の]立場の違いを解決するための手段」により注意を払うべきだと主張すると、これをフルシチョフは称賛する姿勢を示したのである。

キューバ・ミサイル危機は西側同盟にも影響を与えた。いくつかのアメリカのNATO同盟国、なかでもとくにフランスと西ドイツは、次のような穏やかならぬ教訓を導き出した。それは、たとえ前線で命を落とすのがヨーロッパ人だったとしても、ソ連と対決する際にアメリカはつねに自国の利益を考えて行動するというものであった。キューバ危機の際にフランスと西ドイツは、断固としてアメリカを支持し、それに続く東西緊張の緩和を歓迎した。しかし両国は、ケネディ政権が「キューバ危

シャルル・ド・ゴール

第二次世界大戦中、自由フランス亡命政府を率いたフランスの将軍ド・ゴールは、パリ解放直後にフランス大統領に就任し、1958年にも再び政権を獲得した。誇り高く、尊大で、強烈な民族意識を持っていたド・ゴールは、大統領に就任した1958年から退任する1969年までの間、ヨーロッパにおけるフランスのリーダーシップを確立し、英米枢軸から自立したヨーロッパを実現しようと努力した。ド・ゴールの主導で1963年1月に締結された、独仏間の協力、相互援助、戦略的協調に関する条約は、活力ある大陸ブロックを目指す彼の計画の中核を成すものだった。1966年にド・ゴールは、フランスをNATOの統合軍事機構から脱退させたが、NATOそれ自体にはとどまった。

機の際に」アメリカの行動に関して事前協議を行うのではなく、決定を下した後に通達するという行動をとったことに心穏やかではなかった。それゆえ、フランス大統領シャルル・ド・ゴールは、いつの日かフランスが「意見表明を行う機会がないまま破滅させられる」という事態に直面するのではないかと恐れたのである。フランスが自主的な外交政策を展開することが、フランスおよびヨーロッパ全体の安全保障にとって資するのだという確信から、ド・ゴールは、フランス独自の核戦力を開発し、アメリカが主導するNATO軍事機構から距離を置き、西ドイツとの関係を強化していった。こうした趨勢のすべてが、ソ連、アメリカ、そしてアメリカに忠実だが批判的でもあったヨーロッパ同盟国の三者間関係に重要な影響を与えることになった。そして同じことが、冷戦期で最も長く、凄惨で、かつ、激しい論争を巻き起こした紛争についても生じたのである。

フランスの将軍で政治指導者でもあったシャルル・ド・ゴール（Photos12.com/ Bertelsmann Lexicon Verlag）。

3　ヴェトナム戦争——悲劇的な冷戦のサイドショー

ヴェトナム戦争は、冷戦の重大な逆説を物語る出来事である。キューバ危機後に米ソは、より安定的で、より安全な関係を模索していたように見える。冷戦の氷河は、本当に溶解する様相を呈していたのだ。しかし、デタント（緊張緩和）の始まりが見えていたまさにその頃、アメリカはその本土から遠く離れた東南アジアでの戦争に少しずつ近づきつつあったのであり、しかもその理由は冷戦を戦うためだと公言していたのだ。一九六三年一一月にケネディが暗殺された時、すでにアメリカは、一万六〇〇〇人の軍事顧問を南ヴェトナムに派遣し、ヴェトコンの反乱勢力に対する戦闘作戦への参加をその顧問たちに許可していた。またアメリカは、北ヴェトナムに対する秘密工作を開始し、共産主義者ではない南ヴェトナム政権を維持するための関与を深めてもいた。その五年後にリンドン・ジョンソン大統領が退任するまでには、五〇万人以上の米兵が南ヴェトナムに駐留して、激しい消耗戦を繰り広げるようになっていた。米軍の敵は、断固として戦い抜くと決意を固め、神出鬼没にゲリラ戦を展開し、しかも中ソ双方から外交支援と物資の提供を受けていたのである。またジョンソン政権は、ヴェトナム戦争はその目的をきちんと達成できているのか、またこの戦争は倫理的に問題があるのではないか、という問題をめぐるアメリカ国内政治の大きな分裂に直面し、さらには「自由世界」の同盟システム内での分裂にも直面していた。一九六〇年代後半までには――場合によってはもっと早い時点で――カナダ、フランス、イギリス、ドイツ、オランダ、イタリア、日本といった主要同盟国が、コストの大きなインドシナでの軍事行動は、冷戦を戦う同盟国共通の利害と政策にどれほどの意味があるのか、あからさまに疑問視するようになっていたのだ。

ヴェトナムへの大規模な武力介入に踏み切るという破滅的なアメリカの決断は、後で振り返れば大きな間違いであったように見える。しかし、その根っこにあった理由を理解することはそれほど難しくはない。それは、ほぼ全面的に、冷戦対立の恐怖感から生じたものであった。最も広い意味で言えば、アメリカのヴェトナム介入は、中国を封じ込めると同時に、同盟国と敵対国の両方に、アメリカの軍事力の信頼性とその関与の重要性を示さなければならない、という決意に基づくものであった。「アメリカのヴェトナム介入は不可避だったとは言えないまでも、アメリカの世界観と政策——封じ込め政策——の必然的な帰結であった。そして封じ込め政策は、アメリカの政府および国民が二〇年以上にわたって問題視することなく、容認してきたものだったのだ」。歴史家ジョージ・C・ヘリングのこうした評価に反論するのは難しいだろう。この政策が、ソ連のみならず中国を封じ込め、さらには、主要な共産主義国である中ソのいずれか、もしくはその両方と同盟を結ぶ可能性があり、反西側的な傾向を強く持つ革命運動をも封じ込めるためのものだった、という点は強調しておいてもよいだろう。

一九六〇年代初めまでには、ソ連に代わって中国が、さまざまな意味においてアメリカが最も恐れる敵対国として浮上してきた。共産主義の二つの強国のうちでは、中国のほうがはるかに敵対的かつ好戦的なように見えた。キューバ危機後、米ソ間には緊張緩和が訪れたが、米中間の緊張が解けることはなかった。実際、一九六二年一〇月に中国がインドに対して短期の国境戦争を仕掛けたことは、中国に攻撃的な傾向があるというアメリカの懸念を再確認するものであった。ケネディ政権とジョンソン政権の国家安全保障政策の担当者たちは、中ソ対立の悪化によって中国の指導者たちはよりいっそう大胆になり、中国は攻撃的かつ冒険主義的、そして予測不可能な傾向を強めていると確信していた。こうしたなか、アメリカの指導者たちは、中国の拡張的な傾向と、アメリカによるヴェトナム介入の必要性を関連づける発言を頻繁に行うようになった。一九六五年四月の重要な演説においてジョンソンは次のように述べている。「この戦争、そして、アジア全体に新たな現実が生まれています。共産中国の影がより色濃くなっていることです。ヴェトナムでの戦いは、「中国による」より広い攻勢の一部にすぎません」。同じ月に開催された報道陣向けの背景説明会ではマクナマラ国防長官が、アメリカがヴェトナムで戦わなければ東南アジア全体が中国の支配下に入り、「アジアは赤く染まる」ことになると述べている。さらにマクナマラは、もしアメリカがヴェトナムから撤退したら、世界の勢力バランスは大きく変化するとも警告したのである。

軍事攻撃に断固として立ち向かい、同盟国を防衛するという誓約を履行する。こうした大国としての信頼性を示すことをアメリカは決意していたが、このことは中国に対抗するアメリカの政策と緊密に結びついていた。こうした評価の典型例は、一九六五年初めにマクジョージ・バンディ国家安全保障問題担当特別補佐官がジョンソン大統領に行った次のような警告の中に見ることができる。「アメリカの国際的な威信と、その影響力のかなりの部分が、ヴェトナムにおいて直接的な脅威にさらされております」。ジョンソンとその主な補佐官たちは、他のすべての世代の冷戦の闘士たちと同じように、どんな犠牲を払ってでもアメリカの信頼性を守らなければならないと確信していた。アメリカの信頼性は、共産主義の攻勢に対する大きな抑止力であり、同時に、アメリカの冷戦同盟システム全体を維持するうえで不可欠な紐帯でもあったからである。

アメリカの政策決定には、国内政治上の要請も影響を与えていた。大統領に就任してまもない時期に、ケネディはあるジャーナリストに、悪化するヴェトナム情勢に関して胸の内を明かしている。「あんなヴェトナムのような地域でも共産主義者の手に落ちるのを許すわけにはいかないし、そうなったら再選は無理だろうからね」。ケネディもジョンソンも、南ヴェトナムを共産主義の手に明け渡せば、大きな政治的混乱が生じてアメリカは麻痺してしまい、大統領としての政治生命も終わってしまうと危惧していた。政治問題担当補佐官であったジャック・ヴァレンティによれば、ジョンソンは、東南アジアで共産主義の拡張を阻止できなければ、共和党と民主党の保守派が一緒になって「自分を粉々に引き裂いてしまう」と考えていたという。ジョンソンはまた、自身が大統領を務めている間にヴェトナムで屈辱的な敗北を喫すれば、彼が長年追求してきた野心的な国内改革プログラムが議会で頓挫しかねないとの懸念を抱いてもいた。

アメリカをインドシナでの戦争へと駆り立てた力が強力なものであったとしても、それを止める術が全くなかったというわけではない。ジョンソン政権は、北ヴェトナムに対する本格的な空爆の実施と南ヴェトナムへの米軍派遣という二つの決定を同時に下して、一九六五年初めにルビコン川をわたった。しかしこの時ジョンソン政権は、一九六一年から一九六二年にかけてケネディ政権がラオスでそうしたように、交渉による解決を選択することも可能だったはずだ。国内の強力な政治勢力、とくに議会と主要マスメディア、また主だった同盟国の政府が、まさにこの方針をとるようケネディとジョンソンに働きかけていた。一九六三年八月にフランス大統領のド・ゴールは、ヴェトナムの中立化を公然と訴えた。アメリカのメンツを立てる形での解決策を提示したのである。しかし、ケネディもジョンソンも、こうした外交的代案を敗北とみなして、受け入れようとはしなかった。むしろアメリカの指導者たちは、南ヴェトナムにおけるアメリカの断固たる方針と、冷戦に対するそれまでの関与の間には完全な一貫性があると主張した。ジョンソンは一九六四年八月に行った演説の中で、「わが国が今日東南アジアで直面している課題は、これまでにギリシャとトルコ、ドイツと朝鮮半島、レバノンと中国で、勇敢かつ強力に立ち向かってきた課題と同じものだ」と強調した。また国務長官ディーン・ラスクはしばしば、「南ヴェトナムの首都サイゴンの防衛は『自由世界』の安全にとって、西ベルリンの防衛と同じくらい重要だ」と述べていたのである。

しかし、当初からＮＡＴＯ主要国はアメリカの方針に異議を唱えていた。同盟国のほとんどは、アメリカとは異なり、ヴェトナムにおける共産主義勢力の勝利をこの世の終わりのように捉えてはいなかった。アメリカの政策決定者とは対照的に、ＮＡＴＯ諸国は、東南アジアは西側の安全保障にとってそれほど重要ではないと見ていたし、アメリカが強く懸念していた東南アジアにおける中国の脅威についても重要視していなかった。そしてＮＡＴＯ諸国は、腐敗し、統治能力を欠いた南ヴェトナム政府が、現在進行中の冷戦における西側全体の立場にとって大きな重要性を持つとは考えていなかった。公の場でそれを明らかにすることはほとんどなかったが、ＮＡＴＯ諸国は、南ヴェトナムの防衛をベルリンの防衛と同一視するアメリカを嘲笑していたのだ。

アメリカ社会と、西側同盟諸国の政府、そして同盟各国の社会においては、依然として冷戦コンセンサスが広く浸透していた。しかし、端的に言って、インドシナにおける際限のない紛争に入れ込んでいるジョンソンに反対するために、そのコンセンサスの外側に立つ必要はなかった。アメリカのヴェトナム介入に異議を唱えたのは、横柄で強い自立性を見せていたフランスのド・ゴールだけではなかった。その中には、イギリスのハロルド・ウィルソンやカナダのレスター・ピアソンといった、アメリカに忠実な同盟国の政治指導者たちも含まれていた。しかし、アメリカは、こうした慎重さと自己抑制を求める声に耳を傾けようとしなかった。ジョンソンと彼の主要補佐官たちは、ヴェトナムにおける戦略的、心理的、政治的敗北の結果に対する恐怖にとりつかれていた。それゆえ、彼らは意識的に、外交的な和解よりも戦争を選択したのだった。

一九六五年から一九六八年にかけてジョンソン政権は、南ヴェトナムに多くの資源と人員を注ぎ込んだ。不人気で統治能力を欠き、次々と政権が変わる南ヴェトナム政府を支援すると同時に、一般大衆による反乱を鎮圧するためであったが、いずれもうまくいかなかった。一方、ソ連と中国は、北ヴェトナムにとって死活的な軍事支援と物資提供を行った。その結果、ヴェトナムにおけるアメリカの任務はさらに難しいものとなり、またヴェトナム戦争は東西対立としての色合いを強めることになった。勝敗がはっきり決まらないまま戦争が長期化するにつれ、アメリカ国内でも、その他の国々においても戦争に反対する声が高まり、それまで二〇年にわたってアメリカの外交方針を支えていた冷戦コンセンサスも崩れ始めた。そして一九六八年初めには、民族解放戦線が大規模なテト攻勢を実施したことで、ヴェトナムにおけるアメリカの軍事戦略の矛盾——そしてより根本的なことには、アメリカの力の限界――が露呈することになった。

一九五八年の台湾海峡とベルリンの危機に始まり、一九六八年のテト攻勢まで続いた十年間に、冷戦は大きく変容した。一九五八年から一九六二年にかけて東西対立は間違いなく最も危険なレベルに達し、それはキューバ・ミサイル危機で頂点に達した。その後、米ソ関係は緊張緩和の時代に入ったが、アメリカのヴェトナム介入で再び揺れ戻しが起こった。しかし、ヴェトナム戦争があったにもかかわらず、米ソは一九六〇年代の半ばから後半まで大規模な対立を回避することに何とか成功し、キューバ危機後の和解によってもたらされた一定の安定性を維持することができた。事実、一九六八年までに米ソは、戦略兵器の制限に関する歴史的な合意に向かって徐々に前進しつつあった。こうした東西関係の進展を可能にした一つの要因は、東西両陣営において国内冷戦の力学が変容したことであった。

第6章

国内冷戦の諸相

冷戦は国際政治の構造と国家間関係に非常に深く、多面的な影響を及ぼしたため、一九四五年から一九九〇年までの期間は一般的に「冷戦期」と呼ばれるようになった。しかし世界における支配的な地位と、イデオロギー的な優位をめぐる米ソの闘争が、世界中の多くの国民国家の「枠内」に残した大きな痕跡を検討すれば、「冷戦時代」という呼称がよりしっくりしたものに感じられるようになる。この、冷戦が各国の国内に与えた影響が本章のテーマである。一九四五年から一九九〇年までの間に発生した、主だった出来事のすべてを冷戦と結びつけることは、もちろんできない。しかしながら、非常に多くの物事が冷戦の影響を受けたり、それによって形成されたりしたことから、米ソ対立が世界の国々と社会に与えた、強力で、かつ、しばしば事態の展開に歪みをもたらした影響について、体系的に検討しないまま二〇世紀後半の歴史を記述することはできないのだ。

冷戦の国際的な力学と比べれば、冷戦の国内的な影響に関する体系的な分析はあまり行われてこなかった。本章は、この大きなテーマに関して一般的な概要を提示するものでしかない。それでも、第三世界、ヨーロッパ、アメリカにおいて冷戦が国内の政治情勢にどのように影響を与えたのか、その一端を示すことはできるだろう。

1　第三世界——脱植民地化、国家形成、そして冷戦の地政学

第三世界全体における数十もの新しい独立国の誕生を推し進めたのは、時には流血の事態や紛争によって彩られた脱植民地化プロセスであった。この新興国の誕生と脱植民地化という二つの事象は、たまたま冷戦と時期的に重なりあっただけではなく、冷戦の影響を大きく受けながら形成されたものであった。事実、「第三世界」という名称は、米ソおよびその同盟国の間で発生した、国力と影響力をめぐる大きな対立のなかから生まれたものである。第三世界という言葉は、そのほとんどで貧困がはびこり、白人以外の人種が人口の大半を占め、東西どちらの陣営にも与していない地球上の地域全体を大きく指し示すのに便利な、政治的なキャッチフレーズである。だが、もともとこの言葉は、東と西——いわゆる第一世界と第二世界——の間の紛争地域のことを意味するものであった。冷戦という圧力は、植民地主義から独立へと移行する動きに悪影響を与えることもあれば、それを促進することもあった。冷戦が具体的にどのような影響を与えるかは、植民地紛争のケースごとに大きく異なっ

ていたが、超大国間の冷戦はつねに重要な外部変数として作用することになった。米ソ冷戦がその過程に与えた多面的な影響についてきちんと検証しなければ、いかなる脱植民地化の歴史も不十分なものにならざるをえない。このことは、脱植民地化時代の幕開けとなった、一九四〇年代後半の南アジアや東南アジアの解放運動から、脱植民地化時代の終わりを告げた、一九七〇年代初頭から半ばのポルトガル植民地統治に対するアフリカ人の抵抗運動までの、すべてにあてはまるのである。

アジア、アフリカ、中東の大部分、そしてカリブ海地域の一部において見られた植民地主義後の新国家の形成もまた、冷戦を背景とするものであった。こうした新国家の形態、結束や活力、各国の国内政治における権力配置、国際的な注目を集めたり威信を獲得する能力、経済開発における優先課題を満たすために必要な資源や資本、技術支援を外部から確保したり、あるいは国防上の必要性を満たすための軍事支援を勝ち獲ったりするための指導者の能力。こうしたすべての要素に冷戦は大きな影響を及ぼしていた。脱植民地化の歴史と同じように、冷戦という外部変数について慎重かつ体系的に注目せずして、第三世界における第二次世界大戦後の国家形成の歴史を記述することはできないのである。

冷戦は、野心に燃える第三世界の指導者たちを、課題や挑戦、そしてチャンスが絡まり合った複雑な状況の中に置くことになった。このことが最初に明らかになったのは、戦後初期に東南アジアで発生した反植民地主義闘争の最中であった。日本が降伏した直後、ホー・チ・ミンとスカルノは、歴史的にアメリカが民族自決を支持してきたことにひき付けて、アメリカに支援を要請した。しかしホー・チ・ミンもスカルノもすぐに落胆させられることになった。トルーマン政権はヨーロッパの同盟国への支援を優先していたため、少なくとも当初は、ヴェトナムやインドネシアの独立運動に対する外交支援や物資提供の可能性は閉ざされていたのである。そこで、共産主義インターナショナル(コミンテルン)で活動した経験が豊富で、結党時からのインドシナ共産党員であったホー・チ・ミンは、ソ連と中国に支援を求めるようになり、実際に一九五〇年初頭から支援が開始された。一方、スカルノは、広範なインドネシア独立運動を支配しようとしていた共産主義者の動きを制圧し、自身が本物の反共主義者であることを証明してみせた。一九四八年に「インドネシア共産党を中心とする勢力が引き起こした」マディウンでの反乱を鎮圧することによって、インドネシアのナショナリストたちは、自分たちの運動が「共産主義者と比して」穏健なものであることを示した。こうした強硬な動きは、西側、とくにアメリカの支持を得るための意識的な戦略の一環であり、これは功を奏した。事実、その翌年にトルーマン政権は、比較的信頼でき、また強固な反共主義者だとアメリカが判断したインドネシア指導部のもとでインドネシアに独立を付与するよう、オランダに働きかけたのである。

ヴェトナムとインドネシアの民族主義者は、自民族による統治を目指して似たような行動を起こしたが、彼らの動きは非常に異なる軌跡をたどることになった。このことは、第三世界の社会「内部」において冷戦の力学が持った重要性を明確に示している。ヴェトナムとインドネシアの事例はまた、数多くの危険が潜む大国間政治をうまく渡りきるためのさまざまな選択肢が、第三世界の政治家たちの目の前にはあったことを示してもいる。極端な言い方をすれば、第三世界の指導者たちは、反共主義者としての信念や、［急進的ではなく］穏健な政治的態度、ないしは親西側的な姿勢を示したり宣言することで、アメリカの支持を勝ち獲ることができたし、その反対に、革命的な姿勢や反西側色を強めることでソ連または中国の支持を勝ち獲ることもできたのである。

一九四〇年代半ばから一九七〇年代半ばにかけて、第三世界の独立運動はそのすべてが二極世界の中で展開されることになった。イデオロギー的なグループであり、軍事同盟システムでもあった東西陣営のいずれかを選ばなければならないという圧力から逃れるのは難しかった。なぜなら、どちらの陣営を選んだかによって、具体的な利益を享受することが可能となったり、その機会を失ったりするからである。独立のための闘争がその激しさを増せば増すほど、独立を求める勢力が米ソのいずれかから支援を獲得する必要性も大きくなった。しかも、［現地の諸勢力からなる］反植民地主義連合が崩れた場合、互いに対立しあう現地勢力が、相手勢力とは別の超大国から支援を引き出したいとの誘惑に抗うことはできなかった。こうした事例として、一九六〇年のコンゴや、一九七四年から七五年にかけてのアンゴラをあげることができる。また民族主義の指導者たちが描いていた具体的な将来構想は、多くの場合、彼らが生まれた地域に非常に大きな社会的・経済的変革をもたらそうとするものであった。そして、このことが、冷戦が彼らに付きつけていた選択をよりいっそう難しいものにしていた。というのも、社会主義と足並みをそろえようとする者への不信感が強い西側陣営に与した場合、国内新国家の建設を主導したエリートたちがつねに希求していた選択の自由を放棄することになり、国内政治や経済開発のために必要な選択肢を狭めてしまいかねなかったからである。他方で、もし社会主義陣営に与した場合、世界で最も裕福で強力な国家アメリカから経済援助や支援を引き出すという選択肢の可能性が、完全に排除されないまでも、限りなく小さくなってしまうことは確実であった。

独立を達成し、新たに建国された第三世界の国々も、同じようなひどいジレンマに直面することになった。いくつかの国は、公式に西側に関与することが国内政治上の重要な要請を満たすうえで最適の選択だと考えて、積極的にアメリカとの提携を模索した。たとえばパキスタンの場合、国家を統治するエリートたちは、その国家体制がまだ脆弱であった建国直後から、熱心にアメリカとの関係構築に取り組んだ。そしてパキスタンは、アメリカとの二国間の安全保障協定と、二つの多国間条約に加盟するための交渉を行い、一九五〇年代半ばには公式にアメリカの同盟国となった。アメリカとのつながりによってパキスタンは、ソ連ではなく、南アジア地域での主たる競争相手であったインドに対する防衛を確保することができたし、少なくともパキスタンの政策決定者はそのように考えていた。パキスタンの国家体制が民族的にも、言語的にも、地理的にも分裂していたことを考えれば、アメリカとの提携は、パキスタンの国民形成という心もとない試みを維持するうえで、大きな役割を果たしたといえる。また、それは同時に、パキスタン国内において、アメリカの支援と西側との同盟を最も積極的に求めていたパンジャブ人グループの支配的地位を強化するものでもあった。パキスタンが西側に関与し、その結果、軍事・経済援助を得たことにより、同国の国内政治における勢力関係は、その後一五年間にわたって大きく左右されることになった。アメリカとの同盟関係は、国内の権力闘争で競合する他の政治勢力を犠牲にし、その締結の当初からパキスタン国内の政治的バランスを歪めるものであり、そうすることでパンジャブ人エリート、とくにパキスタン軍の立場を強化したのだ。

冷戦が国内政治に与えた影響をよく示す事例として、もう一つ、タイの場合を見てみよう。タイの国家指導者たちもまた、パキスタンと同じように、いくつかの理由からアメリカとの関係構築を望んでいた。タイの国家指導者たちが外部に支援者を求めたのは、伝統的な国家戦略の一環としてであった。それは、巨大な隣国であり、潜在的脅威でもあった中国に対する恐怖感によるものであって、中国が共産主義国か否かは関係がなかった。冷戦はタイのエリートたちに、こうした外部の後援者を確保する機会を与えたが、それはタイ側の必要性と、第三世界で同盟国を探していたアメリカの必要性とが、偶然一致したことで可能になったといえる。パキスタンと同じく、タイ軍部の指導者たちも、国内における自らの権力を強化し、反対派の声を抑えるため、アメリカとの関係を構築し、そこから財政的な支援を得ようとしたのである。タイ現代史の進路はこうして大きく変更されたといえよう。

個々の事例を見れば、それぞれ独自の事情が存在することは明らかではあるが、西側との提携を選択した第三世界の国々について言えば、概して、次のようなパターンが存在していた。こうした国々が西側との提携を選んだのは、共産主義に対する恐怖からではなく、国内政治上の理由によるものであった。そして、その結果、その後各国の国内情勢の展開は、西側との提携関係から大きな影響を受けることになった。このようなパターンをかなり顕著な形で示した事例だけを見ても、イラク、イラン、サウジアラビア、トルコ、パキスタン、セイロン[訳注13]、韓国、タイといった非常に多くの国で、公式または非公式な同盟関係を西側と結ぶという指導者の決定が、国内の優先課題や利用可能な資源、国内の政治勢力のバランスなどに重大な影響を与えたことがわかる。もちろん、こうした諸国の中には、独立闘争によって誕生した新興国もあれば、自治を実施する政体としての立場を完全に剝奪されないまでも、西ヨーロッパの帝国主義国によってそれを制限されていた、古くからの独立国もあった。しかし、このように、それぞれの国が、それぞれの多様な歴史を抱えていたとはいえ、そのいずれに対しても冷戦が深い痕跡を残したことは間違いない。

一部の第三世界の指導者たちの目には、慎重に練られた非同盟戦略は非常に魅力的なものに映った。彼らは、東西どちらかへの公式関与を控えることによってこそ、重要な国家目標をより効果的に前進させることができると考えていたのである。なかでも、とりわけ、インドネシアのスカルノ、エジプトのガマール・アブドゥル・ナーセル、ガーナのクワメ・ンクルマ、インドのジャワハルラール・ネルーは意識的に、東西両陣営から独立した立場を保とうとした。ネルーが非同盟路線を追求した背後には複雑な思惑が存在していたが、これを見るとさまざまなことがわかってくる。ネルーは「外交関係がわれわれの手から離れて、他者によって管理されるようになれば、その分だけ独立性を失うのだ」と警告していた。インドの初代首相であったネルーは、生まれたばかりのインドは、国際情勢の中の第三勢力として振る舞うことで、その国際的地位と影響力を最大化することができると考えていた。またインドの政治体制にはきわめて多様な政治勢力が存在していたため、東西陣営のいずれかと公式な同盟関係を結んだ場合、強力な国内政治勢力のうちのどれかとの関係悪化は避けられない。しかしネルー率いる与党国民会議派は、非同盟戦略をとることでこうした事態を回避することができたのだ。さらにインドの政策決定者たちは、米ソどちらの勢力圏にも入らなければ、東西双方から必要な経済開発への支援を獲得できる可能性があるとも計算していた。現実主義者のネルーは、「経済支援を受ける際に、すべての卵を同じカゴに入れておくのは賢明な策ではない」と補佐官たちに語っていた。スカルノ、ナーセル、ンクルマがネルーのこの言葉を聞いていたら、心から賛同していたことだろう。アメリカの冷戦の闘士たちは、しばしば、「お前は私たちの敵か味方か」という二元論を唱えたが、彼らが強く懸念したとおり、アメリカ政府は第三世界の非同盟諸国——中立諸国とも呼ばれた——をめぐって、ソ連と競争せざるをえない状況に置かれることになった。

これまで見てきたことからすれば、第三世界の国々や政治指導者が、能動的な主体性を発揮したという事実を認めなければならない。第三世界の国々や指導者たちは、利益を最大化するため、あるいは損害を最小限に抑えるために、彼らの時代の国際社会を支配していた冷戦という現実を利用し、また、コントロールしようと努めた。しかし、同時に、冷戦が第三世界の国民と社会にもたらした事態の多くが、現地の政府や人々にとっては予期せぬものであったことや、彼らにコントロールできるものではなかったことも認識しておく必要がある。この関連で、早くも一九五〇年には、第三世界は冷戦の主戦場として浮上していた、ということもあらためて強調しておく必要がある。朝鮮、コンゴ、ヴェトナム、アンゴラ、アフガニスタン、ニカラグアといった地域では、現地にその発生原因がある

訳注13　セイロンはスリランカの旧名。

紛争が急速に大きなコストを伴うものへと拡大していったが、それは、米ソ冷戦がそこに重なり合う形で展開したためであった。一九四五年から一九九〇年にかけて世界で燃え上がった戦争の死者のうち、推定二〇〇〇万人は第三世界の紛争の犠牲者であった。そして、そうした紛争の大部分が、少なくとも間接的には、冷戦とつながっていたということを忘れてはならないのだ。

2 ヨーロッパにおける冷戦の影響

ヨーロッパにおける冷戦の影響はこれとは全く対照的なものであった。米ソ対立が、一九四五年から一九九〇年にかけて新興国で繰り広げられた多くの戦争や破壊、政情不安を生み出したのだとすれば、これと反対にヨーロッパには、空前の平和と繁栄、安定の時代をもたらしたのである。皮肉なことに、ヨーロッパの運命を左右する紛争として始まったイデオロギー的および地政学的な争いは、ヨーロッパを助けたにとどまらず、ヨーロッパの歴史上、最も長く続いた経済的好況の土台を生み出す結果となった。この好況は、ヨーロッパ大陸全域で続いた平和と、西ヨーロッパにおける政治・経済統合に向けた急激な動きを伴うものであり、またそれらによって可能になったものでもあった。そして、冷戦はそのすべてを促進したのだ。一九四〇年代末から一九七〇年代初頭にかけて見られた、資本主義経済の拡大と生産性の「黄金時代」は、基本的に冷戦期の最初の二五年と軌を一にしており、これもまた冷戦が促したものであった。歴史家エリック・ホブズボームは、この黄金時代に「記録に残る歴史上の人間の営みの中で、最も劇的で急激かつ重要な革命」が起きた、との適切な評価を下している。また、歴史家ジョン・ヤングも「大恐慌と戦争の時代を生き抜いた多くの人々にとって、西ヨーロッパは約束の地に思えた」と述べている。

冷戦下のヨーロッパにおいては、経済、政治および安全保障上の趨勢が互いに補強し合う関係にあった。経済史の研究者たちは、正確なところアメリカはどの程度、戦後ヨーロッパの復興に貢献したのか、いまもなお議論を続けている。とはいえ、一九四八年から一九五二年にかけて、アメリカのマーシャル・プラン援助によって西ヨーロッパに注ぎ込まれた約一三億ドルの資金が、戦後ヨーロッパの好況を支えるうえで大きな役割を果たしたことは間違いない。アメリカが安全保障の傘を提供したこと、また、西ドイツの西ヨーロッパへの統合及び、それと並行して進められたより広範な地域統合を支持・後押ししたことも重要であった。西ヨーロッパの政治家はアメリカが主導する動きに従うこともあったが、同じくらいの割合で自らも主導権を発揮した。アメリカは、西ヨーロッパ地域全体の変化と、西ヨーロッパ各国における経済・社会改革の促進が必要だと判断し、ヨーロッパ情勢に新たな関心を抱くようになった。こうしたアメリカの関心の高まりは、冷戦やドイツ分断とともに、ヨーロッパにとっては大きな機会となった。そして、西ヨーロッパの政治家たちはその機会を逃さなかったのである。歴史家ヘルマン・ヨーゼフ・ルピエペールが指摘するように、西ヨーロッパの政治家たちと、彼らを支持するアメリカ人たちは、当初から、「分断ヨーロッパの西半分で繁栄と民主主義が花咲けば、それに続いて西ヨーロッパは、アメリカの支援と保護のもと、統合された政治、軍事、経済システムに向かって前進しなければならない」と考えていた。また西ヨーロッパ主要国の指導者たちは、ドイツが軍事的脅威として再び台頭することを避けつつ、その生産力をヨーロッパ経済の復興のために活用するためには、数世代にわたってヨーロッパ大陸の安全保障に難問を突き付けてきたドイツ問題を解決しなければならないと明確に認識していた。

西ヨーロッパ主要国の指導者たちは、創造性と、ドイツ問題を解決するという決意を持って行動した。一九五二年七月にフランス、イタリア、西ドイツ、ベルギー、オランダ、ルクセンブルクがヨーロッパ石炭鉄鋼共同体（ECSC）を結成した。一九五七年三月には同じ六カ国が、ヨーロッパの統一に向けてさらに踏み込む形でローマ条約に調印し、ヨーロッパ経済共同体（EEC）とヨーロッパ原子力共同体（EURATOM）を結成した。フランスとドイツの歴史的な和解は、このような超国家的な国際制度の発展を促すものであった。西ドイツ首相のコンラート・アデナウアーは、次のような言葉を残している。「ドイツとフランスは何世紀にもわたって戦争を繰り返してきた隣国同士である」。「このようなヨーロッパの狂気は永久に根絶しなければならない」。好調な西ヨーロッパ経済を牽引していたのはEEC加盟国であったが、その目を見張るような経済成長率は、軍事的な競争から経済的協調への転換がもたらすメリットを明確に示していた。そして一九六〇年までに、EEC六カ国はあわせて、世界の工業生産の四分の一、国際貿易の総額の五分の二を占めるまでになっていた。

こうした発展のメリットを最も享受していたのは西ヨーロッパの一般市民だった。経済成長が続いていたおかげで、賃金は上昇し、労働時間は短縮され、豊かな社会給付を受けることができ、保健や教育の分野も改善された。生産至上主義的な手法——それは基本的には、大きなパイを焼けば誰もが得をするという考え方に基づくものであった——の成功は、政治的安定性をもたらす一方で、伝統的な労使間の緊張を緩和し、西ヨーロッパにおいて共産党の求心力を削ぐことにもつながった。失業は事実上存在していないというレベルまで改善され、西ヨーロッパ全土における一九五〇年代の平均失業率はわずか二・九パーセント、一九六〇年代には一・五パーセントという低水準であった。過去と比べた場合、冷戦下のヨーロッパには、紛れもなく消費者にとっての楽園が作り出されていた。労働者階級と中産階級の収入も上昇し、彼らは、以前であれば富裕層しか手が出せなかったような商品を手に入れることができるようになった。たとえば、イタリアでは自家用車の所有数は一九三八年に四六万九〇〇〇台であったが、一九七五年には一五〇〇万台まで増加していた。イギリスの各家庭の冷蔵庫の所有率も、一九五六年にはわずか八パーセントであったが、一九七一年には六九パーセントにまで上昇していた。一九七三年までにフランスの一般世帯の六二パーセントが毎年休暇をとるようになっており、一九五八年に比べればその数は二倍以上にまで増加していた。イギリス首相のハロルド・マクミランは一九五九年の総選挙の際、有権者に対して、「いままでこんなに良い暮らしを経験したことはないでしょう」という印象的なスローガンを使って訴えた。

戦後の最初の数十年間で、それまで長きにわたってアメリカと西ヨーロッパの消費者たちの間に存在していた格差は大きく縮まった。一九六〇年代の間にアメリカと西ヨーロッパの消費者たちは、いずれも、歴史家デイヴィッド・レイノルズが消費社会の基本的属性と位置付けたものを手にするようになっていた。すなわち「大量生産された家庭用品、収入が増加している人々の数の増大、拡大した信用取引、積極的な宣伝広告」である。冷戦は一般市民の心と頭のなか、そして胃袋をめぐる争いでもあったため、二〇世紀の第三・四半世紀における、目を見張るような資本主義経済の発展は、アメリカとその西側同盟国の政治的およびイデオロギー的な立場を大幅に強化したのだ。

東ヨーロッパにおけるソ連型の統制経済は、人々の基本的な必要性を満たすのに苦労していたが、こうした東側経済の欠点ゆえに、西側のほうが優れているという主張の信ぴょう性はますます強まった。一九六〇年代以降の東西ヨーロッパ間の物質的条件をめぐる格差は拡大する一方だった。第二次世界大戦後、エルベ川以東の農業を中心とした社会は、スターリンの監視のもとで突然、資本主義から社会主義へと転換されることになった。東ヨーロッパ諸国で政権を握る共産党は、ソ連のモデルをそっくりに模倣して、急速かつ強制的な産業化政策を開始する一方、民族主義的な衝動よりも、ソ連が定義した「プロレタリア国際主義」の要請を優先させた。この方針が一般市民に利益をもたらすものであったことは間違いない。事実、医療や食糧事情が改善して死亡率は低下し、教育機会の拡大や完全雇用も実現した。しかし、こうしたメリットは、非常に高い代償は払って実現されたものであった。すなわち、ソ連自身が長きにわたってそうであったように、東ヨーロッパ諸国においても、政治的抑圧や宗教的迫害、個人の自由の抑圧、強制的なイデオロギー統制などが社会規範になってしまったのだ。一九五〇年代末まで、東ヨーロッパとソ連の統制経済は飛躍的な発展を遂げ、経済成長率でも西ヨーロッパを上回る状況が続いた。しかし、一九六〇年代に入ると、トップダウン型の計画経済

ブレジネフ・ドクトリン

ソ連共産党政治局が、チェコスロヴァキア国内の政治的多元主義の高まりを抑えるために武力を行使することを決定したのは、東ヨーロッパ全体に自由主義が拡大して、ソ連政府の権威が損なわれることを恐れたからであった。1968年9月26日にソ連共産党機関紙「プラウダ」は、後に「ブレジネフ・ドクトリン」と呼ばれた原則を発表し、対チェコスロヴァキア軍事侵攻の正当性を訴えた。この原則は、各国の指導者は、それぞれ個別の発展路線を追求することができると唱えるものであったが、それは、国内の社会主義、及び、より広範な社会主義運動を損なわない限り、という条件つきのものであった。つまり、ソ連政府は東ヨーロッパにおける多様性に一定の制限を課したのである。

モデルがさまざまな問題を内包していること、また、当時高まりつつあった消費者の需要を東側陣営が満たすことができないことが次第に明らかになっていった。その結果、経済成長は目立って鈍化していったのである。

ワルシャワ条約機構の加盟国では、政治・経済システムの自由化を図ろうという動きが断続的に見られた。しかし、こうした動きは一九五〇年代から一九六〇年代にかけて弱まっていった。硬直的なスターリンのもとでも、もう少し柔軟なフルシチョフのもとでも、厳格なブレジネフのもとでも、ソ連はその勢力圏の内側で、真の構造的な改革、あるいは真の政治的多様性を容認するつもりはなかった。いったんは開花した一九六八年の「プラハの春」が、すぐに枯れてしまったという現実は、自由化の限界を如実に示していた。一九六八年一月、チェコスロヴァキア共産党の改革派の指導者であったアレクサンデル・ドプチェクが政権の座に就いた。ドプチェクは、政治的自由の拡大と効果的な経済改革を求めるチェコ市民の訴えに応えつつ、同時に、ソ連の支持と共産党の結束を維持しようと努力した。しかし、これが実現不可能な政治的曲芸であることはまもなく明らかになった。一九六八年八月二〇日の夕刻、ソ連軍の戦車がチェコに進軍し、その一二年前にハンガリーで起きた悲劇と同じく、政治的多元主義を実現するための希望の実験を打ち砕いた。賢明にもチェコ人たちはこれに抵抗しなかったので、結果として数千名の命が救われたことは間違いない。そして、これ以降、東ヨーロッパに対するソ連の統制は、究極的には、剝き出しの暴力とそれを行使する意志に立脚していることが明白なものとなった。

一九六八年は、冷戦下の西ヨーロッパの歴史にとって重要な分岐点となった年でもあった。この年の五月、フランスのパリでは、学生と労働者が一連のデモを展開し、あわやド・ゴール政権が転覆されるかというところまで事態は発展した。フランスにおけるこの抵抗運動は、一九六八年に西ヨーロッパとアメリカを襲った既存の権力構造に対する一連の挑戦のうち最も劇的なものではあったが、その一部でしかなかった。こうした動きには各国固有の特徴があったものの、西側民主主義国の大半において若者文化や「新左翼」、現状を打破しようとする反権威主義の精神が開花したことは、西側諸国の間に共通する何かがあったことを示唆している。西ヨーロッパにおける冷戦秩序の成功は、その冷戦秩序がもたらした恩恵——平和、安定、物質的な豊かさ、社会保障や教育機会の拡大——を当然のものと受けとめる新しい世代を生み出したように見える。フランス、イタリア、西ドイツ、そしてそれ以外のさまざまな場所でこの新世代の人々は、冷戦の中核的な真理について疑問を持ち始めた。評判が悪かったアメリカのヴェトナム介入もそうした疑念を刺激した一因であった。共産主義を封じ込めるためには、どうしても第三世界に介入し、流血の事態を生まなければならなかったのか。依然としてソ連は脅威なのか。ヨーロッパにおける米軍と核兵器の存在は、いまでも正当化できるのだろうか。これまでとは異なる政策を西側が実施することで、核による人類の最終戦争の可能性を減らすことはできるのだろうか。結局のところ、軍事・外交政策に関する冷戦コンセンサスは、それを育んできた政治秩序とともに、いまや繁栄を謳歌する西ヨーロッパにおいて侵食され始めていたのである。

3　アメリカにおける冷戦の影響

冷戦はアメリカの国家と社会にもぬぐいきれない痕跡を残した。事実、その影響はアメリカ人の生活のあらゆる側面に及んでいた。アメリカ政府が背負うことになった権力と責任の範囲が極端なまでに拡大し、「帝王的大統領」が中心的な役割を果たすようになったことは、共産主義及びソ連の脅威がもたらした安全保障上の恐怖感の直接的な結果であった。また、大幅な国防予算の増額が連邦予算の恒常的な特徴となり、軍産複合体がアメリカ社会に根付いたことも、同じく安全保障上の恐怖感から生まれたものであった。一九四五年以降のアメリカは、人々の居住パターンと就業構造の大幅な変化を経験したが、これもかなりの程度まで冷戦の副産物であったといえる。革新的な科学技術が軍事関連目的で利用されるようになり、それに付随して多くの一流大学が、政府が財政的に支援する先端的な研究機関へと変容していった。このこともまた、冷戦の副産物である。多くの国内政治上の重要課題が冷戦の影響を受けて形成され、時には、冷戦を戦うためとしてあからさまに正当化された。アイゼンハワー大統領が提案した各州を結ぶ幹線道路システムや、連邦教育予算の増額、宇宙探査計画などはその例である。米ソ対立の影響は公民権運動の行方にも及んだが、そこには相矛盾する要素が含まれていた。人種差別主義者たちは、当初、公民権運動の支持者たちに共産主義者という汚名を着せることで、黒人の自由を求める闘争を挫折に追い込もうとした。しかしアイゼンハワー、ケネディ両政権が、アメリカ南部における人種的隷属のシステムを維持したり、アフリカ系アメリカ人の基本権を否定することは、アメリカの国際的なイメージを悪化させ、アメリカが冷戦を戦ううえで容認できないほど大きな負債を負うことになると認識したことで、人種差別主義者たちの動きは相殺されたからだ。

冷戦は、政治的にも、文化的にも、心理的にも、さまざまな形でアメリカ人の生活のあり方に変化をもたらした。国内の政治エリートたちの多くがイデオロギー的に同調することを求めたため、容認される政治的なレトリックの幅は狭められることになった。そのため、多くの改革運動が守勢に立たされ、リベラリストの中には過激主義者だとか、アメリカに対する背信だとかいったレッテルを貼られて、不利な立場に置かれた者もいた。嘆かわしいことに、共産主義者とみなして他人を攻撃する「赤狩り」や、共産主義者とみなされた人々の関係者までも有罪とする連座などが、地方選挙や連邦選挙における選挙戦術や労働組合の内部における政治、また政府職員や教師、映画産業の関係者などに対する警察や司法による調査などにおいて、まかり通った。歴史家スティーヴン・J・ホイットフィールドは、とくに一九五〇年代のアメリカにおいて、冷戦が「自由の抑圧と文化そのものの堕落」をもたらしたと批判する。ホイットフィールドによれば、冷戦は、「市民の自由という先人の遺産を弱体化させ、寛容と公明正大という社会規範を攻撃し、民主主義のイメージそのものを汚した」のである。また、ピーター・J・カズニックとジェームズ・ギルバートは、冷戦は、広範な社会心理の領域に最も大きな影響を与えたとの見方を提示して、次のように論じている。「核兵器その他の手段を用いた壊滅的な破壊によって彼らを脅かそうとする、狡猾な敵が国内外に存在している。冷戦は、こうした観点から世界を理解するよう、数百万人のアメリカ人を仕向けたのだ」。要するに、国内外の敵に対する恐怖心の広がりこそが、冷戦の主要な遺産だったのである。

　アメリカの国内で共産主義がもたらしうる潜在的脅威に対して、社会全体が抱いていた不安――これが、アメリカの国内冷戦の最も顕著な表れの一つだったことは明らかである。こうした不安は、一部のエリートたちが自らの目標のために培養したものだった。それほど多くはなかったとはいえ、かつてアメリカ国内に共産主義者が存在していたのは確かである。一九五〇年の時点で、アメリカ共産党の党員数は約三万二〇〇〇人に過ぎなかった。それは、あの悪名高い反共主義者、ウィスコンシン州選出のジョセフ・マッカーシー上院議員が、アメリカ政府内部に共産主義者の一団が巣くっていると告発し、センセーショナルな赤狩り運動を開始したのと同じ年のことであった。ちなみにこの三万二〇〇〇人という数について言えば、党費を支払っていた共産党員の数は、一九五〇年にフィンランド福音主義のルーテル教会に所属していた人たちの数と同じくらいであった。政府高官の中には、共産主義者、ないしは共産主義に共感している者もいたが、その数はごくわずかであった。アルジャー・ヒスはその代表例である。ヒスは元国務省の中級職員であり、彼がソ連のためにスパイ活動を行っていたことは明らかであった。そして、世間の注目を集めた一九四八年の裁判において彼は、偽証罪で有罪判決を言い渡された。

しかし、マッカーシーや他の党派政治家たちは、政治家としての自身の地歩を固めるために、問題の深刻さを意図的に誇張し、市民の不安を煽ろうとしたのだ。ある時期、ほかならぬジョージ・マーシャルをその悪口の対象としたという事実は、マッカーシーが目的のためには手段を選ばない、根本的に不誠実な人物であったことを示唆している。非常に尊敬された元陸軍大元帥で、国務長官と国防長官を歴任したマーシャルについて、マッカーシーは、「人類史上のどんな行為ですらとるに足らない、巨大な陰謀やこのうえなく破廉恥な行為に関与していた」と断言したのである。だが、政敵を守勢に立たせるために、こうした理不尽な非難を相手に浴びせたのはマッカーシーだけではなかった。たとえば、カリフォルニア州選出の上院議員であり、ヒスの容疑を追及するうえで大きな役割を果たしたリチャード・ニクソンは、共産主義者の破壊活動分子を執拗に追い詰めようとしたことで評判を高め、全国的な知名度を持つ政治家にのし上がった。一九五二年の大統領選でアイゼンハワーの副大統領候補になったニクソンは、民主党の大統領候補であったアドレー・スティーヴンソンに、「ディーン・アチソンの臆病な共産主義封じ込め大学で博士号を取得した宥和主義者」だという激しい非難を浴びせたのだった。

研究者たちが、マッカーシズムと、その最も極端な表れであった、共産主義者に対する魔女狩りに高い関心を示してきたことは当然であろう。しかし、アメリカ国内における冷戦の影響は、それ以外の面にもかなり広く及んでいた。国防費の増大は、国内経済全般や雇用機会、人口動態の変化に爆発的な影響をもたらしたが、これを、冷戦期のアメリカで生じた最大の変化の主要因とみなしても構わないだろう。冷戦開始後の最初の二〇年間で、連邦政府は七七六〇億ドルを国防に投入したが、この数字は連邦政府予算全体の約六〇パーセントに相当するものであった。ここに間接的な防衛関連支出を含めれば、国防費の割合はもっと高いものになるだろう。アメリカの研究開発において国防関連の課題の優先度は急速に高まり、民間と大学の科学者と技術者は積極的に政府の要請に応えようとした。そしてこの過程で巨額の契約が成立することになった。通信、エレクトロニクス、航空、コンピューター、宇宙探査といった、全く新しい産業、もしくは、新たな活気を得た産業は、冷戦とともに、いや、概して言えば冷戦が進行しているがゆえに——拡大していった。経済学者のアン・マークセンの言葉を借りれば、これらの産業のうちには、「アメリカの経済や、雇用、地域の状況を決定的に変えることになるものもあった」。冷戦による国防費の増大がもたらした最も大きな影響は、南部及び西部の防衛関連産業が急速に発展し、北東部や中西部の古い産業拠点がその犠牲となったという事実に見てとることができる。カリフォルニア州だけでも、一九五一年から一九六五年までの間に六七〇億ドルを超える防御関連の契約が成立しており、この数字は国防予算全体の約二〇パーセントに相当するものだった。その原因は、冷戦がいわゆるサンベルトの発展を促したことに求めることができる。これと関連して重要なのは、冷戦が西部および南部への人口移動を促し、その結果、議会や政党システムの内部における政治権力の再配分をもたらしたことであった。この二つの変化はいずれも、第二次世界大戦後のアメリカの大きな特徴であった。

冷戦は、莫大な財政的な負担と数多くの軍事的な義務をアメリカ市民に押し付けたが、これを実現するためには、アメリカ市民を動員し、国家に協力させなければならなかった。戦後のアメリカは、共産主義が引き起こす政情不安や侵略の兆候への警戒をつねに怠らない庇護者という新しい役割を担うことになった。そして、トルーマン以降のアメリカの指導者たちは、この新しいアメリカの役割を支持する国内コンセンサスを形成すべく、懸命に努力した。一九六〇年代半ばまで、アメリカの指導者たちはその見事な手腕によって、この国内合意の形成・維持に成功した。また、東ヨーロッパやベルリン、朝鮮、台湾、キューバで発生した事態が中ソの冒険主義を明白にしたことも、彼らの努力を後押しした。しかし、冷戦開始から二〇年が過ぎると、こうした国内コンセンサスは綻びを見せ始めた。それはヴェトナム戦争によって、より多くのアメリカ人が、自国のグローバルな覇権の代償は非常に高く、受け入れがたいものであると思い知らされたからである。アメリカ史上最大の平和運動を巻き起こしたヴェトナム戦争をきっかけに、アメリカ国内では、アメリカのグローバリズムの代償をめぐって激しい議論が繰り広げられるようになった。この戦争をめぐる議論は一九六〇年代の末まで続いた。そして、その結果、アメリカ政府首脳は、アメリカの対外関与を過剰に拡大させ、国内に深刻な分裂をもたらした、それまでのグローバルな冷戦戦略を見直さなければならなくなったのだ。

第7章
超大国デタントの興亡
●一九六八～一九七九年

「デタント」とは、敵対していた国々の間での緊張緩和を意味する、いくぶん曖昧なフランス語であるが、この言葉は、一九七〇年代に突然、政治家だけでなく世界中の市民の間でもよく使われるようになった。一九七〇年代の国際政治を規定する現象となったのは、より安定的で協調的な米ソ関係であるが、デタントはそれを簡潔に言い表す便利な表現であった。ソ連は共産党書記長レオニード・ブレジネフの、アメリカはリチャード・ニクソン、ジェラルド・フォード、ジミー・カーターという三人の大統領の指揮のもと、米ソはその対立関係をより効果的に制御しようとした。合意事項を遵守しているかを検証できる軍備管理協定に関する交渉はデタントの大きな特徴であったが、そのような交渉を通じて米ソは、核戦争の危険性を低下させようと試みた。二つの超大国はまた、貿易関係や技術移転、科学的知見の共有を拡大させ、同時に、両国関係を管理するための中核的な「ルール」を設定しようと努力した。

米ソはいずれも、デタントは冷戦を平和の構造に置き換えるものであると、もっともらしく誇張した。しかし実際のところ、デタントはそのようなものではなかった。むしろそれは、偶発戦争や米ソ関係を不安定化させるような軍拡競争の可能性を最小化するために、冷戦をより安全で制御された形で管理することを意味していた。しかし米ソ間の競争は依然として続いていたのであり、それは政情不安と革命的変化が続いていた第三世界ではとくに顕著であった。くわえて、米ソは、デタントの意味を全く異なる形で理解していた。一九七〇年代の末までに、こうした問題は非常に深刻なものとなり、その結果、デタントの時代は突如として終幕を迎えることになったのである。

1　デタントの起源

デタントの基本的な前提条件となったのは、いくつもの面における力の現実の変化であった。そのうち最も重要だったのは、一九六〇年代末までにソ連が、戦略核兵器においてアメリカとの均等《パリティ》を達成したことであった。国防計画の立案者と科学者たちがすさまじい努力を重ね、大規模な核軍拡を行った結果、一九六九年一一月までにソ連は、ＩＣＢＭの保有数において一一四〇対一〇五四でアメリカを上回るようになっていた。アメリカは、潜水艦発射型ミサイルと、核兵器を運搬できる長距離爆撃機において優勢を誇っていたため、核戦力全体で見れば依然として相当な優位を保っていた。しかしながら、米ソ間に大まかな核戦力の均衡が生じつつあることは疑いようがなかった。二〇年間にわたってアメリカが享受してきた核戦力の圧倒的優位は終わりを告げたのであり、この事実は将来の超大国間関係に大きな意味を持つものであった。もう一つ、デタントの重要な前提条件となったのは、軍事力のみならず、経済面でもアメリカの力が相対的に低下したことであった。ヴェトナム戦争によって資源を浪費し、西ヨーロッパと日本が経済復興をなし遂げたことで、こうした趨勢に、さらに拍車がかかった。一九四〇年代後半以降、アメリカの冷戦政策を特徴づけてきたのは「優位の政策」とでも呼べるものであったが、端的に言えば、［六〇年代末の］アメリカは、もはや「優位の政策」を維持するために必要な経済的手段や政治的意志を持ちえなくなったのだ。そして、デタントの最後の前提条件は、中ソ間で緊張が高まるなか、中ソ両国軍が国境をめぐって衝突し、二つの敵対する共産主義国の間で実際に戦争が発生する可能性が高まったことであった。このことが、米ソ関係をより健全な土台に載せようとする、もう一つの動機となったのである。

ソ連との緊張緩和をめざす国家安全保障戦略が、アメリカの政策決定者たちにとって魅力的なものとなった理由はいくつもあった。ソ連が以前よりもずっと強力な軍事力を持つようになったことで、こうした戦略は、ソ連との核戦争の危険性を低下させるうえで最も合理的な方法だと考えられた。またデタントは、すでにヴェトナム戦争で過剰な負担を強いられていた国防予算への圧力を緩和するものと考えられた。とりわけ、デタントの結果、具体的な軍備管理協定が締結された場合にはその可能性は高いと期待された。一九六七年にジョンソン大統領が、ソ連との軍備管理交渉を開始する用意があるという姿勢を示したのは、こうした論理に従ってのことであった。同じ年の六月にジョンソンは、米ニュージャージー州のグラスボロで、ソ連首相アレクセイ・コスイギンと首脳会談を行い、核問題その他、米ソ間の喫緊の課題について議論した。ソ連首脳とのさらなる会談を希望していたジョンソンは、一九六八年後半にモスクワを訪問することを考えていた。しかしソ連軍がチェコスロヴァキアに軍事侵攻するという事態が発生したため、この訪問計画は実現しなかった。

一九六九年一月にアメリカ大統領に就任したリチャード・ニクソンは、あらためてデタントに積極的な姿勢を見せた。ニクソンは冷戦戦略を大きく修正することを決意しており、その新たな戦略の中核部分を成していたのがデタントだったのである。ニクソンと、その主要な外交政策アドバイザーであったヘンリー・キッシンジャー国家安全保障問題担当補佐官は、次のような懸念を抱いていた。すなわち、アメリカは、そのグローバルな行動範囲を危険なまでに拡大し、また資源を広範囲に、しかも非常に薄くばら撒きすぎたというのである。彼らによれば、ヴェトナム戦争は、「アメリカが直面する」より大きな問題の兆候であった。キッシンジャーは、回顧録の中で次のように述べている。「アメリカの力は、強大ではあるものの、やはり限界があると認識しなければならなくなっていた。この点で、私たちは他国の国民と同じような状況に置かれつつあった」。「アメリカの保有する資源は、アメリカが直面していた諸問題との関係において、もはや無尽蔵とは言えなかった。だから私たちは、知性の面でも物理的な意味でも優先順位をつける必要があった」。ニクソンとキッシンジャーにとって最優先の課題が、アメリカの安全保障を脅かすのに十分な力を持っているソ連の封じ込めであることは、依然変わりはなかった。ニクソンが政治家として知られるようになるうえでは、反共の闘士として評価を高めたことが大きかった。しかし実利を重視するニクソンは、共産主義が持つイデオロギー的な求心力が重大な脅威だとは、もはや考えてはいなかった。むしろニクソンが懸念していたのは、純粋にソ連の国力そのものだった。ニクソンと同じ考えを持っていたキッシンジャーは、「私たちが現在直面している問題は、超大国として台頭したソ連にどう対処するかだ」と述べている。事ここに至って、地政学がイデオロギーを凌駕したのだ。ニクソンとキッシンジャーにとって、地政学が国際情勢に対処するうえでのカギとなったのである。

ソ連とのデタント政策は、ニクソンとキッシンジャーが共有していた地政学的なビジョンから、自ずと生まれ出たものであった。それはまた、彼らが望んでいた中国との和解を目指す政策についても同様であった。ニクソン政権は、軍備管理交渉を通じて、ソ連の核戦力の増強を抑え、また、核軍拡競争のコストと戦争のリスクの両方を減らすことを目論んでいた。また、ソ連に既存の世界秩序を事実上承認させることは、ニクソン政権が、第三世界におけるソ連の冒険主義的な外交政策を抑制するうえでの一助となるはずであった。さらには、長い間孤立状態にあった中国との関係を改善することができれば、アメリカは、三大国間の戦略的関係の真ん中に自らを置き、二つの共産主義国家を互いに競わせ、操作することができるとも考えられた。このような戦略は、ヴェトナム戦争がもたらした深刻な問題が国内外に山積し、冷戦戦略の根本的な再調整を余儀なくされたために打ち出された、非常に大胆なものであった。ニクソンはまた、この計画を実施することによって、依然として最も喫緊の外交課題であったヴェトナムからの整然たる撤退を可能にしたいとも考えていた。さらに、それは大きな国内政治上の利益を伴うものでもあった。もしニクソンが、中ソとより平和的な関係の構築に成功し、ヴェトナムからの撤退を実現すれば、一九七二年大統領選挙における再選はほぼ確実になり、政治家としての彼の評価が高まることも間違いなかったからである。

ソ連もまた独自の事情から、対米関係の改善を望んでいた。ソ連は、中国の軍事的脅威が増大しつつあることに懸念を抱いていた。それゆえ、ソ連は対米緊張を緩和することで、喫緊の安全保障上の脅威である中国への対応に専念できると考えていたのだ。また、アメリカとの軍備管理協定が締結されれば、ソ連がアメリカと対等な超大国の地位にあることが確認されるだけでなく、ソ連が苦労して手に入れた、核戦力での対米均等《パリティ》が固定化されるのであった。ソ連側は、新たな技術革新によってアメリカが、かつて享受していた核戦力での対ソ優位を取り戻す前に、これを固定化することを望んでいた。この関連で見逃すべきでないのは、ソ連がその超大国としての地位と、それにふさわしい扱いを受けることを重視していた点である。一九七一年の第二四回共産党大会で、グロムイコ外相は、次のように高らかに宣言した。「今日、ソ連が参加しないまま、あるいはソ連の意思に反して決定できる重要事項がないことは明らかです。……安定的な戦略兵器のバランスが政治的に重要であることは言うまでもありません。……安定的な戦略兵器のバランスは、米ソ両国の安全にとどまらず、国際社会全体の安全を保障するものだからです」。さらには、アメリカとの平和共存関係を追求することで、さまざまな問題をめぐる、より具体的な利益——たとえば、アメリカからの穀物輸入や技術移転の拡大、またベルリン問題のような、未解決のヨーロッパの諸問題の決着を促進することなど——を得ることも可能だと考えられた。ブレジネフ、コスイギン、グロムイコをはじめとするソ連共産党政治局のメンバーたちは、この時期、歴史は社会主義陣営の側にあると確信していた。デタントは、ソ連の弱さから生じたものではなく、ソ連のパワーが拡大しつつあることを示すものだ、というのが彼らの考えであった。ブレジネフは一九七五年に行った演説で、簡潔に、また鋭く、次のように述べている。「デタントは、世界の舞台において、新しい力の相関関係が構築されたことで可能になったのです」。

2　最盛期のデタント

一九六九年一〇月一九日に、ニクソンは戦略兵器制限条約（ＳＡＬＴ）に関するソ連との交渉日程を決定した。第一回の交渉はこの年の一一月に始まり、フィンランドの首都ヘルシンキとオーストリアの首都ウィーンで交互に開催された。しかし、すぐにそれは、相互不信と技術的問題のために行き詰まることになった。ニクソンは、ＳＡＬＴ交渉の進展と引き換えに、アメリカと外交的に和解するよう北ヴェトナムに圧力をかけて協力することを、ソ連側に求めた。ニクソンによる、この「リンケージ」戦略は、米ソ間の緊張を高めた一つの要因であり、それは、ニクソンがこの試みを放棄するまで続いた。しかし、よりやっかいだったのは、異なる種類の核兵器をめぐる問題であった。すなわち、SALT合意の制限対象を長距離ミサイルだけに限定すべきなのか、それとも、ソ連領を攻撃できる、ヨーロッパに配備されたアメリカの中距離ミサイルも、制限対象に含めるべきなのか、という問題である。さらには技術革新が、より複雑な、もう一つの問題を交渉担当者にもたらすことになった。一基の弾道ミサイルに、多数の核弾頭を装備することを可能にする複数個別誘導再突入機（MIRV）の登場によって、米ソ両国の核戦力の破壊能力が大幅に拡大されることは確実だった。また弾道弾迎撃ミサイル（ABM）の開発により、核ミサイルを撃墜して相手の核攻撃能力を無力化する防衛システムが実現する理論上の可能性も浮上した。一九七一年五月に米ソの交渉担当者は、ようやく、合意へ向けた突破口を開くことができた。ICBMについてアメリカ側が、三対二の割合でソ連が対米優位に立つことを認める一方で、ソ連側は、西ヨーロッパから発射されるミサイルについては交渉の対象としないことを選択した。さらに、米ソはともに、MIRVについては規制しないことも決定したのである。こうした妥協の結果、翌年モスクワで、米ソ首脳会談と条約調印式が盛大に開催されることになったのである。

一九七二年二月のニクソン訪中は派手に宣伝されたが、ニクソンが訪ソしたのは、その直後の七二年五月のことであった。アメリカ大統領がソ連を訪問したのは、二七年前にローズヴェルトがヤルタ会談に出席して以来、初めてのことであった。その時まさに展開されつつあったニクソンの大戦略において、この二つの外遊は密接に関連づけられていた。事実、ニクソン訪中前のソ連は、SALT合意を意図的に遅延させていたが、ニクソンが劇的な中国訪問を果たすと、ソ連側は合意への足取りを速めたのだ。ソ連を標的とする米中の戦略的提携の強化を、ソ連が望んでいないことは明らかであった。アメリカ側は否定したけれども、これこそまさに、ニクソンとキッシンジャーが目指していたものであった。一方、毛沢東やその側近たちが、かつて敵視していたアメリカとの和解に踏み切ったのは、ソ連に対する懸念が非常に大きくなっていたからである。つまり中国側も、イデオロギー的な信念よりも、地政学的な考慮を優先したのである。当時の中国について、キッシンジャーは次のように観察していた。「私たちとの交渉にあたって、中国の指導者たちはイデオロギーの壁を超えていた」。「彼らを取り囲んでいたさまざまな危険が、地政学的な考慮を絶対的なものにしたのだ」。ニクソンと毛沢東、周恩来首相、その他の中国政府関係者との会談は、具体的な成果に乏しいものであった。しかし、ニクソン訪中が持った象徴的な意味合いは、きわめて重要であった。ニクソンの中国訪問は、冷戦対立の危険性が相対的に低下し、そのイデオロギー的な色彩が弱まったこと、そしてアメリカがより柔軟で巧妙な外交を展開する兆しのように見えたからである。

モスクワ会談の最大の成果は、一九七二年五月二六日に調印された第一次戦略兵器制限条約（SALTⅠ）であった。実際には、この条約は二つの個別合意からなっていた。公式条約であるその一つ目の部分では、米ソ両国が、二つの施設に限ってABMの配備を許されることが規定されていた。SALTⅠの二つ目の部分は、攻撃型核兵器に関する暫定協定であった。それは、米ソがすでに保有しているICBMとSLBMの数を凍結し、ICBMについては三対二でソ連の優位を、SLBMについてはアメリカによる若干の優位を承認するというものであった。しかし、MIRVは禁止されず、また長距離爆撃機も制限対象とならなかったことから、アメリカは、運搬可能な核弾頭の総数において、約五七〇〇対二五〇〇という圧倒的な優位を維持することができた。ニクソンとブレジネフはまた、米ソ両国の行動規範を規定した、広範な「基本合意」にも仮調印した。これによって両国は、「軍事衝突を回避し、核戦争の勃発を防止するために最大限の努力を行う」こと、相互の関係において「自制」すること、さらには「直接的なものであろうと、間接的なものであろうと、相手を犠牲にして一方的な利益を得ようとするような行動」を行わないことに合意した。この協定はきわめて曖昧で、結局のところその履行を確保できないものではあったが、米ソ双方に有益な――同時に、先行きの不安な――行動基準となった。

SALT協定の価値は、個々の協定に含まれていた具体的な条項にではなく、むしろ、米ソ超大国の交渉と妥協が持った政治的な意味合いにこそ存在していた。元外交官で、ソ連専門家のレイモンド・ガーソフは、「SALTIは、米ソ間に軍事、技術、安全保障、政治、イデオロギー上の立場の違いが存在していても、戦略兵器の制限に関する合意交渉が可能であることを示した」と強調している。しかし、SALTIに関するガーソフの評価の中には、その実態をより詳細に説明している部分がある。すなわち、SALTIは「少なくとも、いくつかの争点に関して、一時的に米ソ相互の合意を促し」はしたが、「疑念を完全に払拭したり、後に重大な戦略上の誤解が生じるのを防いだりする」ことはなかったのだ。SALTIが軍拡競争を止めることができなかったのは間違いない。実際、五年間の期限が付いていたSALTIの暫定合意は、拡大を続ける米ソ両国の核兵器に一定の制限を

1973年6月にアメリカを訪問し、ニクソンと会談するブレジネフ（US National Archives and Records Administration）。

加えただけであった。ただし一九七一年の二億二〇〇〇万ドルから一九七八年には二八億ドルまで拡大した米ソの貿易高は、デタントが生んだ具体的な副産物の一つだった。米ソ共同の宇宙探査や文化交流の拡大といった、科学分野での協力プロジェクトと並んで、両国間で拡大した貿易関係も新たな米ソ関係の重要な側面の一つであった。

　核兵器が、実際に「削減される」ことを希求していた人たちは、将来の交渉に希望を見出しており、一九七二年後半には、第二次戦略兵器制限条約（ＳＡＬＴⅡ）と呼ばれる、米ソ交渉の第二ラウンドが開始された。しかし、ウォーターゲート事件[訳注14]でその立場を弱めたニクソンが、一九七四年八月に辞任に追い込まれたため、アメリカ政府内部は混乱し、米ソ交渉が実のある形で進展することは難し

西ドイツの首相ヴィリー・ブラント（© Dieter Hespe/ Corbis）。

くなった。辞任したニクソンの後を受けて大統領に就任したジェラルド・フォードは、一九七四年一一月、ウラジオストクでブレジネフと会談した。そして、ここでは、SALTⅡ交渉を進めるための全般的指針に関する合意がなされた。しかし、交渉そのものはなかなか進展せず、まもなく、そこには、アメリカ国内の政治情勢が大きな影を落とすようになった。議会では、SALTプロセスの価値に対する疑念や、第三世界におけるソ連の行動への懸念が強まっていた。さらには、一九七六年のアメリカ大統領選挙も近づいていたのである。

ヨーロッパ・デタントのプロセスは、超大国間のデタントに向けた動きと並行して進展したものであった。しかし、前者は、後者よりも強い持続性を持つものであった。ヨーロッパ・デタントを主導したのは、一九六九年一〇月に西ドイツ首相に選出されたヴィリー・ブラントである。元・西ベルリン市長で、カリスマ性を備えた政治家であったブラントは、東西ドイツ間の貿易と移動の障壁を段階的に引き下げ、冷戦におけるドイツの立場を強化しようと試みた。この目標を達成するため、ブラントは、東ドイツ国家が事実上存在していることを積極的に承認する姿勢を見せた。これは、西ドイツの政治指導者たちがそれまでとってきた基本的な立場を大きく変更するものであった。ブラントの東方外交は、その第一段階においては、ソ連及び、その東ヨーロッパの同盟国の一部との間で協定を締結することを重視していた。そして、一九七〇年八月に締結された条約において、西ドイツとソ連は、

訳注14　ニクソンの側近が、ニクソン再選のために一九七二年に引き起こした盗聴事件。

互いに武力の行使を放棄し、現存するヨーロッパ国境を不可侵のものとして尊重することを約束した。また同年、西ドイツはポーランドとも同様の条約を結び、ベルリンに関する協定の締結にもこぎつけた。一九七一年九月にはソ連、アメリカ、イギリス、フランスも、西ベルリンにおける西側の諸権利及び、同市への西側の通行権を法的に認める四カ国協定に調印した。そして、一九七二年一二月の東西両ドイツ間の条約が、ブラントの東方外交の最も輝かしい成果であった。この協定によって、東西ドイツは互いに［主権国家としての］正統性を認めあい、武力行使を放棄し、両国間での貿易と人々の移動を増大させることを約束したのである。

ヨーロッパ・デタントのプロセスは、東西ヨーロッパ間の貿易を大幅に増大させ、鉄のカーテンを超えた個人の移動の自由を拡大し、中央ヨーロッパに著しい緊張緩和状況をもたらして、東西双方で一般国民の喝采を浴びた。このように、冷戦による恐怖と障壁が緩和されたことで、ヨーロッパ全体の和平合意への動きも促進された。一九七二年一一月には、全欧安保協力会議（ＣＳＣＥ）の準備会合がフィンランドの首都ヘルシンキで開催され、こうした和平合意に向けた準備作業が行われた。この準備会合での議論を踏まえて、一九七五年七月から八月にかけて同じヘルシンキで三五カ国が参加する会議が開催され、ここにはアメリカとソ連も出席した。この会議の参加国は、第二次世界大戦後のヨーロッパに対して一方的に科された領土の変更を承認することを象徴的な文言でうたう宣言を採択したが、これこそ、長年にわたってソ連が実現しようとしてきたものであった。ただヨーロッパやソ連と比べると、アメリカは、ヘルシンキ合意とブラントの東方外交にあまり乗り気ではなかった。

ヘルシンキ最終文書

ヘルシンキで合意されたこの協定は、それぞれ「バスケット」と呼ばれる、三つの要素から構成されていた。一つ目は、現存するヨーロッパの国境線の不可侵を宣言し、国家間関係を規律する基本原則を明確に規定するものであった。二つ目は、経済、技術、科学、環境の各分野における協力に関するものであった。そして、「第三バスケット」は、国家の内部における基本的人権に関するものであり、当初、ソ連はこれに反対する姿勢を示していた。第三バスケットは、人権に関するさまざまな要素の中でも、とりわけ言論及び情報の自由の拡大と人々の移動の自由の拡大を求めるものであり、ソ連指導部にとって望ましいものではなかったからである。しかしヨーロッパ国境の正式承認と、［西側諸国との］貿易拡大を切望していたソ連は、この二つを確保できるのであれば第三バスケットを受け入れることは可能だと考え、取引に応じたのだ。

当時、アメリカ大統領を目指していた元カリフォルニア州知事のロナルド・レーガンは、「すべてのアメリカ国民はこれに反対すべきだ」と発言している。レーガンをはじめとする保守派は、ヘルシンキ最終文書と、そこから生じたより広いデタントのプロセスには批判的であった。彼らが懸念していたのは、アメリカやその他の西側諸国が、ソ連を、世界支配を目指す確固とした野望を持った、明白で眼前に存在する危険な敵国ではなく、その国益に配慮すべき大国として扱う傾向を強めていることであった。第三世界の情勢が、デタントに批判的な保守層に有利な方向へと展開していったのは、こうした状況下においてであった。

3　追い詰められたデタント

モスクワ会談から生まれた大きな期待にデタントが応えることはなかった。超大国の行動に関する「基本合意」という荘厳な誓約は、中東、東南アジア、アフリカなどで繰り返される米ソ間の利害対立を防ぐことができなかった。また、第三世界で続いた米ソ対立は、アメリカ国内におけるデタントへの支持を浸食していった。保守的な批判勢力——その多くは、共産主義に対するイデオロギー的な反感や、ソ連国家に対する根本的な不信感を一度として弱めたことがなかった——は、ソ連の国策が拡張主義的なものであることに変わりはなく、デタントはそれに正統性を付与するものでしかないと非難した。デタントは宥和政策と同じだという、挑発的な見方をする者すら現れた。技術の進歩によって、デタントを支持する勢力の直面する問題はさらに深刻なものとなった。というのも、技術が一つ、また一つと進歩するにつれて、核戦力を均衡させ、検証可能で、かつ、米ソ双方に受け入れ可能な軍備管理協定の締結はよりいっそう難しくなっていったからだ。そして、ますます増大するデタント批判派に屈服する形で、一九七六年にフォード大統領は、自身の政権にデタントという言葉を用いることをやめさせたのである。

一九七三年一〇月の第四次中東戦争は、デタントの限界を露呈した最初の大きな出来事の一つであった。一九七〇年に死去したナーセルの後を受けて、エジプトの大統領に就任したのはアンワール・

サーダートであった。サーダートにとって最優先の政策目標は、一九六七年の第三次中東戦争で惨敗した際にイスラエルに奪われた土地を奪還することであった。しかし、サーダートは、米ソ超大国の雪解けがこの目的を実現するための障害になることを懸念していた。一九七二年にサーダートは、エジプトからソ連のアドバイザーを追放した。エジプトの主たる支援国であったソ連が政策方針を変更したことについて、不満を明らかにすることがその目的の一部であった。そして同年一〇月一六日には、軍事・外交の両面で事態の主導権を握るため、エジプトとシリアは共同でイスラエルに対する奇襲攻撃を行った。当初、劣勢を強いられたイスラエルだったが、すぐに軍事的優勢を取り戻した。戦闘初期の段階で破損・破壊された装備を、再度イスラエルに供給するというニクソン政権の決定が、このイスラエルの反撃を支えていたのだ。ソ連がエジプトとシリアへの武器支援を再開したのを受けて、イスラエルに対するアメリカの武器支援はさらに強化された。エジプトとシリアに対するソ連の支援と、長年の同盟国イスラエルに対するアメリカの支援の間に本質的な違いはなかった。にもかかわらず、ニクソンの目にソ連の行動は——イスラエルのみならず、デタントに対しても——深刻な脅威に映った。キッシンジャーは次のような警告を公然と発した。「デタントに関する私たちの政策は明確である。私たちは攻撃的な外交政策に対しては、断固として抵抗する。中東を含めて、いかなる地域においても無責任な行動がとられた場合、デタントが続くことはないだろう」。

第四次中東戦争がもたらした危機の国際的側面は、アラブ諸国がアメリカへの石油供給を停止したことで、さらに大きな広がりを見せた。これは、アメリカの親イスラエル政策への対抗措置としてアラブ諸国がとったものであり、アメリカの経済的利益を直撃するものとなった。

ブレジネフが、米ソ共同の平和維持部隊を即時展開するように訴え、さらに、必要ならばソ連は単独でも行動を起こす意思があると牽制したことで、中東危機は直接的な東西対決の色彩を強めることになった。停戦合意を履行しないイスラエルにいらだつ一方で、シナイ半島の砂漠地帯でイスラエル軍に包囲されたエジプト陸軍の壊滅を恐れていたブレジネフは、直接ニクソンに訴えかけた。この時、ニクソンは、急速に深刻化しつつあったウォーターゲート疑惑の真っただ中にいたが、ブレジネフの行動は、豊富な石油資源を有する死活的に重要な地域でアメリカの国益に挑戦するものであり、思い切った対応が必要だと判断した。そこでニクソンはブレジネフに、アメリカはソ連が単独行動をとる可能性について、「計り知れないほど深刻な結果を招く恐れのある、非常に由々しき事態」だと見ていると伝えた。そしてソ連側に事態の深刻さを強調するため、ニクソンは、アメリカの通常兵力と核戦力を、いずれも世界規模の警戒態勢に置いたのである。このような警戒体制が発動されたのは、キューバ・ミサイル危機以来のことであった。アメリカが、直ちに停戦合意を受け入れるようイスラエルに外交圧力をかけたため、まもなく危機は沈静化した。一〇月二七日までに戦争は終結し、すでにアメリカ主導で和平を模索する動きも本格化しつつあった。しかし、米ソ間で生じた思いがけない出来事は、確実にその傷跡を残していた。もし米ソが、地域紛争をめぐってほとんど衝突寸前までいったのだったとすれば、米ソ基本合意にどんな価値があったといえるだろうか。また、政府高官が高潔なレトリックを高らかに宣言したからといって、実際のところ世界は、デタントを構想した政治家たちが約束した平和で安定した国際環境にどこまで近づいていたといえるのだろうか。

似たような問題は、ヴェトナム戦争の最終局面にも立ち現れることになった。デタントが、インドシナで苦境に陥っていたアメリカに、一息つく暇すら与えなかったのは確かであった。当初ニクソンは、ソ連および中国と和解することで、アメリカの名誉と信頼性を維持しつつ、ヴェトナムからの撤退交渉を進めたいと考えていた。しかし、事態はそのようには進まなかった。北ヴェトナムの交渉担当者たちは、すでに撤退することが明らかな超大国の要求を満たすために、これまで長い間追求してきた政治目標を変更するつもりは全くなかった。ニクソン政権は、時折、交渉戦術としてヴェトナムでの軍事行動を強化したが、これも行き詰まった交渉を打開するには至らなかった。アメリカと北ヴェトナムは一九七三年一月、ついに和平協定を締結した。この協定によって米軍の最終撤退が可能になったが、戦闘は協定締結の後も続いた。一九七五年の初めに北ヴェトナムは南ヴェトナムに攻勢をかけ、その結果、五万八〇〇〇人以上のアメリカ人が命を落としてまで共産主義から防衛しようとした南ヴェトナムの政治体制は急速に崩壊した。南ヴェトナム政府が最後を迎えつつあるなか、フォード政権が露呈した無力ぶり――ヴェトナムへの追加支援に消極的な議会と世論が、フォード政権の手を縛ったのだ――がグローバル・パワーとしてのアメリカの威信を損なったのは確実である。人々の目につきにくい出来事ではあったが、ヴェトナムにおけるフォード政権の無策もまた――ソ連製の戦車に率いられた北ヴェトナム軍の侵攻という強烈なイメージと同じく――米ソ超大国間のデタントの限界を露わにするものであった。

一九七〇年代半ばに議論を巻き起こし、また複雑な様相を呈した国際紛争の一つであったアンゴラ情勢も、デタントにさらなる悪影響をもたらした。ポルトガルの植民地であったアンゴラは一九七五年一一月に独立を果たしたが、その直後、対立する三つの勢力間での内戦が勃発した。アメリカ（および中国）が秘密裏に支援していた穏健な親西側勢力と戦闘を繰り広げていたのが、左派のアンゴラ解放人民運動（ＭＰＬＡ）であった。そして、このＭＰＬＡをキューバ軍が支援したことで、事態は西アフリカにおける代理戦争の様相を呈することになった。地政学を信奉するキッシンジャーは、アンゴラ紛争は東西関係の文脈で見なければならないと主張した。すなわち、アンゴラ紛争は米ソの意志と覚悟の試金石であり、その結果はグローバルな意味を持ちうるというのである。ニクソンの辞任、ヴェトナムでの敗北、帝王的大統領に対する議会の攻撃といった、諸々の影響が積み重なった結果、ソ連は、アメリカの国力は大幅に落ちているという、アメリカには望ましからぬ結論に達するかもしれない。アンゴラ情勢は、こうしたソ連の対米認識を左右する試金石だとキッシンジャーは考えたのだ。フォード政権は、アンゴラの親米勢力に対する秘密支援を強化するよう議会に要請したが、これは失敗に終わった。ヴェトナムから抜け出してまもなく、再び第三世界に介入するという政府の考えを、議員たちは嫌悪していた。「アンゴラのような事態がさらに発生すれば」、デタントの「継続は困難でしょう」とキッシンジャーは警告した。一方、米ソの雪解けを批判する保守派にとって、アンゴラ情勢は、デタントは依然として拡張主義的なソ連を一方的に利するものだという彼らの見方に、さらなる裏付けを与えるものであった。

一九七〇年代半ばから後半にかけて、保守派によるデタント批判はさらに激しさを増した。こうした批判を展開したのは、著名な有識者やジャーナリスト、政治家、元政府高官といった人々の一群であり、彼らは、ソ連の意図について根深い不信感を持ち、また、ソ連の通常戦力および核戦力の向上に対しても強い警戒心を抱いていた。反デタント派がまず、その批判の根拠としたのは、第三世界でソ連の冒険主義的な行動パターンが続いていたことであり、その次に根拠としたのは、軍備管理交渉が深刻な欠陥を抱えていたことであった。民主党上院議員ヘンリー・ジャクソンとともに、デタント反対派の筆頭として浮上したのは、熱烈な反共主義者であり、トルーマン政権期に国務省で政策企画室長を務めたポール・ニッツェであった。ＳＡＬＴⅡの交渉チームを辞任したニッツェは、「国際問題に関する」有力誌『フォーリン・アフェアーズ』一九七六年一月号の誌上で、次のような痛烈な批判を展開した。「ＳＡＬＴ合意の諸条項のもとでは、ソ連が、数量的な優位のみならず、理論的に核戦争に勝利する能力の保持を目的とした、核の優位を追求し続ける可能性が高い」。「差し迫った戦略的不均衡を、再度修正するための措置をいますぐアメリカが講じない限り、ソ連に優位を追求しようという姿勢を放棄させ、交渉に基づく、意味のある軍備制限および削減の路線へと引き戻すよう説得することはできないだろう」。

しかし、ニッツェの批判が依拠していた論理は、はなはだ疑わしいものであった。核問題に関する専門家たちの多くは、ソ連が核の優位を追求しているとは考えていなかった。また彼らは、次のような見通しについても異議を唱えた。それは、ソ連製ＩＣＢＭはアメリカ製のそれよりも大型であるから、いずれソ連は、より「投射重量」が大きくて、より多くの核弾頭を搭載可能なミサイルを獲得し、アメリカとの核戦争に「勝利」することができるようになる、というものであった。ニッツェが議会で証言した、このような破滅のシナリオに対して、キッシンジャーは激しい怒りを露わにして、次のように述べた。「戦略的優位とはいったい、何なのでしょう?」「それほどの数のミサイルが存在する場合に、政治的、軍事的、作戦的な意味で、戦略的優位が持つ重要性とはいったい何なのか。それでいったいどうしようというのでしょうか?」ニッツェ、ジャクソン、レーガンをはじめとする反デタント派が表明した警告の背後には、核弾頭の総数を数えたり、ミサイルの投射重量の総量を測定することで数量的に把握できるようなものではない、別の何かがあったと疑わざるをえない。もっと根本的なレベルで、こうした反デタント派の人々は、デタントの根拠となっていた核戦力の均等《パリティ》とか、「相手の先制攻撃を抑止するのに」「十分」な核戦力といった概念そのものを受け入れることができなかった。頑固な冷戦の闘士たちにとっては――核戦力と通常戦力のあらゆるレベルにおける――戦略的優位のみが、ソ連という容赦のない、本質的に信用できない敵と対峙するうえでは適切な方策だったのだ。

ジミー・カーターがアメリカ大統領に選出されたことで、多くの困難に直面していたデタント・プロセスは、いくばくかの新たな勢いを得た。しかし、それもすぐに消え失せた。前ジョージア州知事のカーターは、アメリカ外交に理想主義を復活させる候補として大統領選に出馬した。カーターは、人権を選挙戦における主な公約として掲げ、また大統領就任後の中心的な外交目標としても人権を据えた。しかし、カーターは、相反する複数の外交目標を追求し、また、ソ連に対して矛盾するメッセージを発して、最初から対ソ関係でつまずくことになった。大統領に就任してわずか一カ月後、カーターは、ソ連の著名な物理学者で、反体制派のアンドレイ・サハロフに熱心な書簡を送り、ソ連政府を困惑させた。さらにカーターは、国務長官のサイラス・R・ヴァンスをモスクワに派遣し、一九七四年一一月のウラジオストク会談でフォードとブレジネフが合意したものより、さらに踏み込んだ攻撃用核兵器の削減提案を行ったが、この提案は内容に乏しいものであった。カーターはまた、アメリカ国内の政治的右派勢力が主張していたように、ソ連によるアフリカ介入の拡大を牽制するつもりであることも示唆していた。しかし、カーターは、初の主要な外交演説であった一九七七年五月の演説においては、次のようにも宣言している。すなわち、「ソ連の拡張はほとんど不可避であり、それを封じ込めなければならない」といった信念を超えて、「共産主義に対する恐怖をアメリカと共有している者であれば、どのような独裁者とでも関係を持つように私たちを仕向けてきた、共産主義に対する大きな恐怖」を乗り越える時が来たというのである。歴史家ジョン・ルイス・ギャディスが指摘した通り、カーター政権は「何もかもを一度にやろう」としていた。つまり、「SALT交渉の行き詰まりを打開し、人権運動を実施し、ソ連が勢力均衡を徐々に変化させることを抑止する。同時に、キッシンジャー外交の特徴であった、ソ連に対する過剰な拘泥からも脱却しようとしていた」のだ。しかし、こうした目標の一つ一つにはどれほど価値があったとしても、「ソ連と交渉し、ソ連を改革し、ソ連を抑止し、ソ連を無視する。このすべてを同時に行うのは不可能だった」。

一方、ソ連政府はカーター政権の対ソ外交に混乱し、脅威を感じていた。ブレジネフは、ソ連の「裏切り者」サハロフに宛てたカーターの書簡を公然と非難し、「それがどんな人道主義的な装いを施されていたとしても、ソ連の国内問題への干渉を許すつもりはない」と断言した。ソ連の政策決定者たちはまた、すでに合意されていたＳＡＬＴⅡの軍備管理規定について、さらに踏み込んだ削減を行うというカーターの提案にも警戒の目を向けていた。ブレジネフはこのカーターの提案を「個人的な侮辱」だと考えていたし、アナトリー・ドブルイニン駐米ソ連大使は「無礼にもそれまでの合意を覆すもの」だと見ていた。後にドブルイニンは次のように述懐している。「カーター大統領の提案は真剣なものではなく、わが国を困らせ、当惑させようとするものだと私たちは考えていた」。ソ連の指導者たちは、アメリカと対等な、超大国としてのソ連の立場が侵害されるのではないか、とつねに警戒していた。そして、アメリカは、ソ連国家を中傷してその国際的な正統性を否定すると同時に、ソ連国内ではソ連国家の弱体化を図っているのではないか、と懸念していたのである。もともとのデタントの枠組みに満足していたソ連は、アメリカは戦略的優位を確保するために、その枠組みを覆そうとしているのではないかと疑っていたのだ。

興味深いことに、年齢を重ねつつあったソ連政府の指導者たちは、アメリカ政府の目に自らの行動がどれほど挑発的なものと映っているかが理解できず、またその行動がアメリカ国内の反デタント派に有利に作用し、その結果、デタントの崩壊を早めていることも認識できていないようであった。一九七〇年代のアフリカ、アジア、中東におけるソ連の積極的な行動は、たしかに、それまでと比べてはるかに大規模なものとなっており、それはアメリカが無視することのできない事実であった。アンゴラ介入が成功したことで、一九七六年二月にMPLA政府が樹立されたことに気を良くしたソ連は、その翌年、エチオピアに誕生したばかりの左翼政権への武器供与を開始した。一九七八年初頭には、戦略的に重要なオガデン半島をめぐる戦闘において、ソ連から支援と輸送での援助を受けていたキューバ軍が、アメリカの支援するソマリア軍に圧勝した。歴史家オッド・アルネ・ウェスタッドは、次のように述べている。ソ連は、「社会主義とソ連モデルに対して忠誠を誓った、新しい革命政府への支援」を自らの「国際的な責務」と考えていただけでなく、「内部矛盾の顕在化を速め、資本主義世界の最終的崩壊を促す好機」だと捉えていた。しかし、こうした野心及び行動と、それと並行してソ連が抱いていた、建設的で相互に有益な関係をアメリカと築きたいという望みを、調和させることは不可能であった。

カーター政権の国家安全保障問題担当補佐官であったズビグニュー・ブレジンスキーのように、ソ連に懐疑的なアメリカ人たちは、西側に対するソ連の計画的な地政学上の攻撃はすでに始まっていると確信していた。ブレジネフのソ連共産党政治局は、技術的に改良された新型中距離核ミサイルSS20の配備を決定し、一九七七年には実際に配備が開始された。ソ連によるこの決定に対しては、アメリカのみならず、自国の都市が標的となる西ヨーロッパもとまどいを隠せなかった。戦略的な主導権を取り戻すため、アメリカとそのNATO同盟国は、ヨーロッパに新世代のアメリカ製中距離ミサイルを対抗配備することを検討し始めた。またブレジンスキーはカーターを説得し、「中国カード」を切る時が来たことを納得させた。この助言に従ってカーターは、一九七九年一月一日、正式に中国と国交を回復した。その主な目的は、ソ連が最も恐れる敵であった中国との戦略的提携を強化し、対ソ封じ込めの壁をさらに強固なものにすることであった。

こうした山積みの問題を前に、一九七九年六月一八日、カーターとブレジネフはオーストリアの首都ウィーンで会談し、長らく延期されてきたＳＡＬＴⅡ協定に調印した。このウィーンでの会談は地味に抑えられたものであり、七年前のモスクワ会談の際に見られたような派手なレトリックは見る影もなかった。このウィーン会談について、歴史家ギャディス・スミスは、次のように述べている。「友好ムードが漂っていただけで、石鹸の泡のようにはかない、悪化しつつあった両国関係が小休止したという程度のものだった」。第三世界の紛争をめぐる緊張、ＳＳ20の配備、アメリカの人権外交、米中関係の深化の悪影響は明らかであった。ウィーン会談を終えてアメリカに戻ったカーターを待ち受けていたのは、ますます勢力を強めていた反デタント派であった。条約批准をめぐる議論のゴングが鳴った瞬間から、ジャクソン上院議員はＳＡＬＴⅡに反対する姿勢を鮮明にし、次のような激しい持論を展開した。「条約を締結しなければアメリカの立場がさらに悪化するという理由で、ＳＡＬＴⅡのような、ソ連を利する条約を締結することは、宥和政策にほかならない」。「ソ連が戦略兵器と通常兵器の増強を継続していることを裏付ける圧倒的な証拠があるにもかかわらず、政府による説明や言いわけ、弁明が繰り返されている」。

長年アメリカと同盟関係にあった、ニカラグアの独裁者アナスタシオ・ソモサ・デバイレは、マル

イラン革命とイラン人質事件

1979年2月、イスラム教シーア派の宗教指導者アーヤトッラー・ルーホッラー・ホメイニーの指導する、イスラーム革命運動がイランで政権を握った。新しいイランの指導者たちは、アメリカに対して深い不信と疑念を抱いていた。彼らは、長きにわたってイランに君臨してきたシャー（国王）のことを軽蔑し、退陣へと追い込んだのだが、アメリカはそのシャーの主たる支援者だったのだ。シャーが治療のためのアメリカ入国を許可された直後の1979年11月4日、ホメイニーが暗黙のうちに支持していた過激派の一群が、テヘランのアメリカ大使館を占拠し、アメリカ人52名を人質にとった。この後展開された緊迫の事態は、カーターとアメリカ国民に焦燥感と屈辱感を与え、アメリカが衰退国家――ある種の無能な巨人――だというイメージの拡大に一役買ったのである。

クス・レーニン主義者が主導し、キューバとも緊密な関係を持っていた解放運動サンディニスタによって打倒されたが、このことは、反西側的な革命勢力の台頭を恐れていた人々の不安をさらに煽った。事実、このような出来事はイランで発生していた。

そして、一九七九年一二月末にはソ連がアフガニスタンに侵攻・占領し、デタントの終焉が告げられた。この時、カーターはホットラインを通じてブレジネフと電話会談を行い、ソ連のアフガニスタン侵攻は「平和に対する明白な脅威」であり、「米ソ関係を根本的に、また長きにわたって変える転換点となりかねない出来事」だというアメリカ政府の考えを伝えた。カーターはメディアのインタビューに対して、「（アフガニスタン侵攻という）ソ連の行動は、私が大統領に就任した後に経験した、どのような出来事よりも、ソ連の最終目標に対する私の考え方を大きく変えた事件でした」と答えている。ソ連に対するカーターの対抗措置は、強力なものであった。カーターは、議会上院における批准審議からSALTⅡを取り下げ、ソ連に対して経済制裁を科した。また、対ソ封じ込めを強化するための一連の措置を実行し、大幅な国防費の増額も要求した。本格的な冷戦時代への回帰であった。

デタントを終わらせたのは何だったのか。ドブルイニン駐米ソ連大使はその回顧録において、「全体的に見た場合、ある程度までデタントは、第三世界における米ソ対立の戦場に葬られたと言えるだろう」と述べている。この見立てに異論を唱えることは難しい。そもそも、当初から米ソは、デタントの意味について相異なる認識に立っていた。アメリカにとってのデタントは、ソ連が既存の世界秩序に縛り付けられること、言い換えれば、ソ連が世界の安定化勢力として行動することを意味していた。一方、ソ連にとってデタントが意味したのは、二極化した世界の中でアメリカと同等の力を持った国となり、そして、そのような国として承認されたことであった。しかも、それは、第三世界の革命的な反政府勢力や革命的な政治体制に対する支援の継続を禁ずるものではなかったのだ。一九六〇年代半ば、当時ソ連の国家保安委員会（ＫＧＢ）議長で、後にソ連共産党書記長に就任したユーリ・アンドロポフは、ソ連は、反資本主義的、ないしは反西側的な運動がもたらしたすべての機会を利用すべきであるという考えを表明していた。この時彼は、前述した第三世界をめぐる米ソ対立を予見していたといえるだろう。アンドロポフは「将来、アメリカとの競争はヨーロッパや大西洋ではなく、アフリカと中南米で起こるだろう」と予測し、「わが国はあらゆる土地、あらゆる国を手に入れるために争うのだ」と主張した。このような理解に立ったソ連のデタント概念は、超大国間協調の新時代という、ニクソンとキッシンジャーの広めたデタント概念とは相いれなかった。一九七〇年代半ばから後半にかけて、保守的で、強い反共主義を唱える政治勢力が再びアメリカ国内で台頭していくなか、米ソはこのような根本的に矛盾する考えに立っていた。このことが、デタントの時代が短命に終わった原因だったのである。

第8章

冷戦の最終局面

●一九八〇～一九九〇年

一九八〇年代後半に入ると、世界政治の構造全体に一九四〇年代以降で最大の変化が訪れた。こうした変化の頂点となったのが、四五年間にわたって国際関係を規定してきた、イデオロギー的・地政学的な争いが突然、しかも全く予想外に終焉を迎えたことであった。これほど大きな変化が、このような形と早さで生じることなど、ほとんど誰も予想することができなかったし、そんなことが起こりうると考えられすらしなかった。では、冷戦はなぜ、しかもこのタイミングで終わったのだろうか。急激な冷戦対立の悪化で始まり、米ソの歴史的な和解、前例のない軍備管理合意、東ヨーロッパ、アフガニスタンなどからのソ連兵力の撤退、そして平和的なドイツ再統一で終わりを告げた十年間を、どう理解すればいいのだろうか。本章では、冷戦の最終局面における激震を検証することによって、これらの問題について考えていきたい。

1　冷戦の再来

ソ連がアフガニスタンに侵攻したことで、ソ連に対するジミー・カーターの態度は、冷戦強硬派のそれへと大きく転換した。ソ連側は、アフガニスタンへの軍事介入を、国境地帯における敵対的な政治体制の出現を阻止するための、防衛的行動だと考えていた。しかしカーターと、その外交政策アドバイザーたちの大半は、ソ連の行動を、大胆な地政学的攻撃の一環だと見ていた。拡張主義的で、自らの力に自信を深めたソ連は、ヴェトナム戦争、ウォーターゲート事件、イラン人質事件、さまざまな経済問題などによって弱体化したアメリカから戦略的な主導権を奪い、最終的にはペルシャ湾岸地域を支配して、西側への石油供給を遮断しようとしている。このようにカーターらは確信していた。

こうした事態に対処するため、カーターは、軍事費の大幅な増額を決定し、向こう五年間の軍事関連予算として一兆二〇〇〇億ドルを要求したほか、ソ連に対する穀物禁輸措置を発動した。また、一九八〇年の夏季モスクワ・オリンピック参加をボイコットすることが発表され、選抜徴兵登録も復活された。さらにカーターは、「カーター・ドクトリン」を発表して、「武力を含む必要な手段をすべて行使してでも」外部勢力によるペルシャ湾支配のための行動を阻止すると誓約した。カーター政権はまた、先端的な軍需品や軍事技術を売却することで、当時進展しつつあった中国との戦略的関係を強化して、更なる圧力をソ連に加えた。アメリカの強力な支援を受けて、一九七九年一二月にはＮＡＴＯも、新型中距離ミサイル「パーシングⅡ」と核兵器搭載可能な巡航ミサイルを西ヨーロッパに配備することを決定し、これを実行に移した。こうすることでソ連のミサイルＳＳ20に対抗しようとしたのである。

こうしてアメリカの外交政策に携わる人々の頭の中は、すっかり冷戦時代の思考回路に戻ってしまい、デタントの記憶も完全に葬り去られた。こうした動きに危機感を抱いたジョージ・ケナンは、一九八〇年二月に次のように記している。「第二次世界大戦以来、ワシントンの思考とレトリックが、これほど広い範囲にわたって軍事色を強めたことは一度もなかった」。「疑うことを知らず、事情もよくわかっていない人がこの渦中に飛び込んできたら、平和的で非軍事的な解決策に訴えるという最後の希望はすでに枯れてしまっており、これから先は、それがどのように用いられるにしても、とにかく兵器だけが意味を持つような状況だと判断することは間違いない」。

一九八〇年一一月のアメリカ大統領選挙で、ロナルド・レーガンは、さまざまな批判にさらされていたカーターに圧倒的勝利を収めた。そのレーガンが、進行中の超大国間の競争では軍事力だけが物をいう、と考えていた勢力を断固支持したのは確かである。かつては映画俳優として活躍し、その後カリフォルニア州知事を経験したレーガンは、大統領選挙期間中、アメリカは国防を建て直し、一九七〇年代にソ連が軍備を増強したことで開かれた「脆弱性の窓」を閉じる必要があると訴えた。戦後のアメリカ大統領の中で最も保守的で、イデオロギー色が濃かったレーガンは、頑強な反共産主義者だった。ソ連は不誠実で信用ならない、不道徳な国家だと考えていた彼は、心からソ連を憎んでいた。レーガンは選挙戦の遊説先で訴えている。「勘違いしてはいけません。ソ連はいま世界で起こっているすべての不穏な動きの元凶です。ソ連がドミノ倒しに興じていなければ、世界に政治的に不安定な地域など存在していないはずなのです」。レーガンは、ニクソン政権期、フォード政権期、そしてカーター政権初期に唱えられていた「ソ連を普通の国として扱う」という考え方を即座に拒絶した。大統領就任後初めての記者会見でレーガンは、次のようにソ連を批判して政権第一期の色彩を鮮明に打ち出した。ソ連は「世界革命と世界全体を覆う一つの社会主義、もしくは共産主義国家の推進」といった、「自国の利益を追求するための一方通行の道として」デタントを利用しているし、ソ連の指導者たちは「こうした目的を果たすため、いかなる罪をも犯し、ウソをつき、人をだます権利を留保している」のだ。

このような扇動的なレトリックは、レーガン政権によって遂行された新しい冷戦の特徴となった。大規模な軍備増強や、世界中の反共主義的な反乱勢力への支持・支援の拡大によってソ連のパワーを縮小させる懸命な努力とともに、こうしたレトリックも、再活性化したアメリカの封じ込め戦略の中心的な要素を形成していた。レーガンは、トルーマン政権期に使われた言葉を用いて、ソ連国家とそれを下支えするイデオロギーへの批判を繰り返した。一九八二年にイギリス議会で演説したレーガンは、マルクス・レーニン主義は「歴史の灰の山と化す」ことを運命づけられていると高らかに宣言した。またその翌年にはフロリダ州オーランドの全米福音主義者協会の会員を前に、ソ連は「現代の悪の病巣」だと述べている。レーガンは、共産主義との戦いは本質において「正義と不正、善と悪」との間の道徳的な争いだという点を強調し、「悪の帝国の攻撃的な衝動」に抵抗するよう聴衆に訴えたのである。このように冷戦を、光の勢力と闇の勢力の間で繰り広げられている正義を賭けた戦いとして描く二元論的な論法は、ソ連に対してはいっさいの容赦をするべきではなく、デタント時代のような妥協のリスクを冒すべきではないという考えを示唆していた。

レーガンは、ソ連との真剣な交渉に臨む前に、アメリカの核戦力と通常戦力を増強することを決意していた。「力による平和」が、レーガンと彼の国防政策アドバイザーたちのお気に入りのキャッチフレーズとなった。繰り返し使われたこの言葉は、レーガン政権初期の、気まぐれな軍理管理交渉アプローチを正当化するうえでも役立った。数多くの証拠が、それが事実とは異なることを示していたにもかかわらず、レーガンとその外交政策アドバイザーたちは、過去十年の間にアメリカの力は、ソ連と比して大きく下落したと確信していた。レーガン政権の最初の国務長官であったアレクサンダー・ヘイグは、次のように主張している。ヘイグが国務長官に就任した一九八一年一月の時点で、ソ連は「アメリカをしのぐ軍事力を備えていた。ヴェトナムからの撤退によってアメリカ弱体化の趨勢が加速されるよりも前から、すでにアメリカの軍事力は危険なまでに凋落しつつあったのだ」。

こうした想定上の軍事力の下落傾向を覆すため、レーガンは、カーターが任期最後の年に提案した金額をさらに四〇〇〇億ドル上回る、五年間で一兆六〇〇〇億ドルを国防支出の目標額として設定した。これは平時では、アメリカ史上最大の軍備増強だった。「国防とは予算項目のことではない」、

「必要な分だけ支出せよ」とレーガンは国防総省に命じた。多くの重要事項がある中で、レーガンは、巨額の予算が必要なB1爆撃機プログラムを復活させ、B2（ステルス）爆撃機の開発を承認した。さらに、レーガンは、その配備をめぐって大きな論争を呼んだMXミサイル（MXは「実験ミサイル」を意味する略語）と最先端の潜水艦ミサイル・システム「トライデント」の配備を加速させ、海軍艦艇を四五〇隻から六〇〇隻に増強し、CIAにも新たに巨額の予算を投入して秘密作戦の強化を図った。レーガンは、自身の軍拡政策はアメリカの「安全の余裕」を取り戻すためのものにすぎないとの態度をとっていた。しかし、実際のところ、それは、アメリカの戦略的優位――すなわち、レーガンやその他の保守派が決して譲りたくないと思っていた地位――を再度確立するための政策だったのだ。

少なくとも過去二〇年間で最もソ連に対して非友好的な政権による、好戦的なレトリックと攻撃的な行動に対して、ソ連の指導者たちが警戒感を強めていたことは驚くにあたらない。アメリカ側と同じように、ソ連政府の国防担当者たちも、強い警戒心を持ってその主要敵の能力と意図を評価しようとしていた。彼らが恐れていたのは、アメリカが、ソ連の地下ミサイル格納庫と産業中枢に対して壊滅的な先制攻撃を実施し得る能力を開発しようとしているのではないか、ということであった。こうした疑念は、一九八三年三月にレーガンが戦略防衛構想（SDI）を発表したことで、さらに膨らんだ。ある演説の中でレーガンは、ミサイル防衛網の開発を通じて、「核戦争の危険性を減少させる方法を模索するための」「包括的かつ集中的な努力」を行うよう命じることを明らかにしたのだ。レーガンは、核戦争の危険性が存在しない未来を見据えた理想主義的なビジョンを、次のように提示した。「［ソ連が攻撃すれば］即座にアメリカは報復するという脅威を与えることで、ソ連の攻撃を抑止する。このような脅威のうえに、自分たちの安全は成り立っているのではない。アメリカは、戦略弾道ミサイルが、わが国や、わが国の同盟国の領土に到達する以前に、それを迎撃・破壊することができるのだ。こうしたことを納得したうえで、自由な人々が安全に暮らすことができるとしたら、どうでしょうか？」

専門家のほとんどは、包括的なミサイル防衛網の実現は技術的に不可能だと考えていた。にもかかわらず、レーガンによるこの突然の提案は、次のような懸念を引き起こした。［仮に包括的なシステムは無理だとしても、もし、］より限定的な防衛システムが開発されれば、最終的には、現在の相互抑止の構造は無意味なものとなり、米ソの戦略バランスが不安定化するのではないか。核軍事戦略の専門家であったマクナマラ元国防長官は、アメリカはＳＤＩ計画によって先制攻撃能力を得ようとしている、このようにソ連が考えたとしても無理はない、と観察していた。事実、ソ連政府内部にはそのように考えていた者もいたのである。ブレジネフの死を受けて、一九八二年一一月にソ連の国家指導者になったユーリ・アンドロポフは、レーガン政権は「きわめて危険な路線」を歩んでいると力説していた。アンドロポフは、レーガンの押し進めるＳＤＩ計画を「アメリカの核の脅威によってソ連を武装解除しようとする試み」として、激しく批判した。

一九八三年の後半になると、米ソ関係はどん底に陥った。この年の九月一日、ソ連空軍は、アンカレッジ（アラスカ州）発の韓国の民間機を撃墜した。同機は誤ってソ連領空に侵入したものだったが、アメリカ人六一名を含む乗客全二六九名が死亡した。その翌日、レーガンは全米に向けたテレビ放送で、「韓国航空機の虐殺」は全くもって不当な「人道に対する罪」だとして、ソ連を激しく非難した。そしてレーガンは、この撃墜は「個人の権利と人命の価値を、理不尽な形で軽視する社会から生まれた、野蛮な行為」だと述べた。ソ連側は、撃墜された航空機がスパイ飛行を行っていたのではないかと根拠のないまま疑っており、また、撃墜が大勢の死者を生んだことについても深い悔恨の念を示さなかったが、こうしたソ連の態度とレーガン政権の過剰なまでに激しいレトリックとが相まって、米ソ間の緊張はさらに高まった。一方、その当時、急速に健康状態を悪化させていたアンドロポフは、ワシントンでは「常軌を逸した軍事国家の精神疾患」が蔓延していると不満をもらしていた。こうしたなか、一一月初めにNATOは、かねて予定されていた軍事演習を実施したのだが、これがソ連の情報専門家たちを驚愕させることになった。彼らは、この演習はソ連に対する大規模な核先制攻撃の予兆、あるいはそれを隠すための仕掛けではないか、という疑念すら抱いたのである。ソ連政府は軍事警戒態勢を敷くことで対応したが、その結果、核搭載能力のある航空機が東ドイツの空軍基地に待機しているという情報をアメリカの情報機関がつかむことになった。ソ連指導部は、レーガン政権は核による先制予防攻撃を仕掛ける能力を持っていると、本気で考えるようになっていた。スイスのジュネーヴでは、進展が見られないながらも、米ソ軍備管理交渉が続けられていた。しかし、一二月にソ連代表団はこの交渉の場から退席した。こうすることでソ連側は、その直前に西ヨーロッパで始まった、アメリカの「パーシングⅡ」と巡航ミサイルの配備に抗議したのである。こうして、米ソ両国はいかなる場においても交渉していないという状況が、一五年ぶりに生まれたのだ。

強硬なレトリックでソ連を非難し、軍事費を増大する一方、レーガン政権は、ソ連との直接的な軍事衝突を避けることに腐心していた。アメリカがソ連の衛星国とみなした諸国のうち、大規模な軍事力が実際に行使されたのは、一九八三年一〇月の小国グレナダに対するものだけであった。アメリカは兵士七〇〇〇人を投入してこのカリブ海の島国に侵攻したが、その目的は、流血を伴うクーデターで権力を握ったばかりの現地マルクス主義政権を打倒し、危険にさらされていると想定された数十人のアメリカ人医学生を救い出すことだった。米軍は、六〇〇名ほどのグレナダ陸軍と、六三六名のキューバの建設労働者を圧倒して、全米で喝采を浴びた。しかし［米軍による直接的な軍事介入よりも］、レーガンの冷戦政策の特徴をよく表し、レーガン自身も重視していたのは、ソ連の支援する第三世界諸国政府に反旗を翻している反共ゲリラ勢力への支援強化であり、それはしばしば秘密作戦の形をとった。後に「レーガン・ドクトリン」として知られるようになった方針に基づき、アメリカは、現地の反左翼的な反政府勢力を代理戦力として利用し、世界の周辺部――主にアフガニスタンやニカラグア、アンゴラ、カンボジアなど――でソ連の影響力に対する巻き返しを図ろうとしたのだ。一九八五年一月の一般教書演説の中で、レーガンは、「私たちは、ソ連が支援する攻撃に抵抗するために命をかけている――アフガニスタンからニカラグアまで、世界のあらゆる大陸の――人々の信頼を裏切るべきではありません」と高らかに宣言した。しかし、こうした大げさなレトリックにもかかわら

1979年にマトゥン近郊で撮影。ソ連製の兵器を略奪したアフガニスタンのムジャヒディーン〔訳注：異教徒の攻撃からイスラーム共同体を守るイスラーム戦士〕（© Setboun/ Sipa/ Rex Features）。

ず、レーガン政権は、アメリカ兵の命を犠牲にしたり、ソ連と直接対決するリスクを冒すことには慎重であった。こうしたレーガン政権の態度に、ソ連が支援する第三世界諸国政府に対するアメリカのアプローチの最も顕著な特徴が表れていたのである。

2 対抗圧力

冷戦に対するレーガン政権の攻撃的なアプローチに対しては、アメリカの行動に狼狽したソ連の国家指導者たちだけでなく、西側陣営内部からも反対の声が上がった。NATOの主要同盟国は、あまりにも攻撃的かつ危険と思われたアメリカの姿勢に、尻込みした。歴史家デイヴィッド・レイノルズは、「一九八〇年代前半には、同じようなパターンが繰り返された」と述べている。すなわち、「アメリカは、ソ連とも、ヨーロッパの同盟国とも関係を悪化させた」のだ。壊滅的な結果をもたらすことが確実な核戦争の危険性は、ほぼ一世代にわたって想像もできなかったが、それが突如現実味を増したことに西ヨーロッパとアメリカの世論は深い不安を露わにしていた。同盟国と世論の両方から強力な対抗圧力が生じた結果、一九八〇年代半ばまでにレーガン政権は交渉のテーブルへと押し戻された。それは、ソ連にミハイル・ゴルバチョフ政権が誕生し、レーガン政権が熱心で従順な交渉上のパートナーを得るよりも前の出来事であった。

大西洋同盟内部の不和は、もちろん、初めてのことではなかった。植民地独立問題、スエズ危機、ヴェトナム戦争、防衛分担、そしてさまざまな冷戦戦略上の問題をめぐる同盟内の対立は、ＮＡＴＯを設立当初から悩ませてきた。しかし、レーガン政権第一期におけるアメリカとヨーロッパ諸国の対立は、先例がないほど激しいものであった。なかでも、ポーランドはとくにやっかいな対立の原因となった。一九八一年一二月、ソ連の支持するヴォイチェフ・ヤルゼルスキ大統領の政府が、抵抗する市民に対して戒厳令を発動し、非共産主義の自主管理労働組合「連帯」を弾圧するという行動に出た。レーガン政権は、「圧政という暴力」をポーランドに行使したソ連への懲罰として、幅広い制裁を科すよう強く求めたが、ヨーロッパの同盟国はこれに抵抗した。ヨーロッパによる制裁は、ポーランド政府に対する新規の信用供与を禁止するという穏健なものにとどまることになったが、これに強い不満を抱いたのがレーガン政権内部の強硬派であった。公にこそしなかったが、彼らは、西ヨーロッパ諸国のことを、経済的に有益な東側との貿易関係を危険にさらすような行動には後ろ向きな、無節操な宥和主義者だと非難していた。この問題に強引に対処しようとしたレーガン政権は、ポーランドの弾圧を口実に、ソ連と西ヨーロッパ諸国との間で交わされた天然ガスパイプライン協定を破綻させようとした。そのため、アメリカとヨーロッパとの間には、さらに深刻な利害対立が生じたのである。

西ドイツが主導して、ヨーロッパの数カ国は、シベリアの莫大な天然ガス田と西ヨーロッパ市場を結ぶ、五六〇〇キロメートルものパイプライン建設への協力に合意していた。一五〇億ドルを要するこの巨大なパイプライン建設プロジェクトが実現すれば、政情が不安定な中東に対するヨーロッパのエネルギー資源依存を減らし、同時に、東西間の貿易関係を強化し、不況にあえぐヨーロッパに必要な雇用を生み出すことができるはずであった。一方レーガンは、このパイプラインによって、アメリカと最も緊密な関係にある同盟国のいくつかが、ソ連に対して過剰に経済的に依存するようになり、その結果、ソ連による経済的な恫喝に対して脆弱になるのではないかという懸念を抱いた。そこでレーガンは、ポーランドが戒厳令を敷いている数週間は、アメリカのパイプライン関連技術の対ソ輸出を禁止することを発表した。一九八二年六月にレーガンは、さらに圧力を強化し、アメリカのライセンス技術や機器を使っているヨーロッパ企業と、ヨーロッパで事業展開しているアメリカの子会社のすべてに対して、パイプライン関連の契約をすべて停止するよう命令した。アメリカによるこの突然の措置に対して、ヨーロッパ各国の首脳は激怒した。フランス外相は、アメリカは「自らの同盟国に対して経済戦争」を布告したと非難し、これは「大西洋同盟の終わりの始まり」になりかねないと警告した。ヘルムート・シュミット西ドイツ首相は、持ち前のぶっきらぼうな態度で、「その実際の目的はともかく、アメリカの政策は友好と連携の終わりを示唆するような形をとった」とかみついた。

さらに、アメリカの最も忠実な同盟国であり、ヨーロッパの中で最も反ソ的な政治指導者であったマーガレット・サッチャー英首相ですら、高圧的なレーガンのやり方には激怒した。「問題は、アメリカという強国が一国で、すでに結ばれている契約の履行を破棄できるのかという点です」と指摘したうえで、サッチャーは言い放った。「私は、それは間違ったやり方だと思います」。

こうした抗議の声を前に、レーガン政権はそれまでの主張をひっこめた。半年間にわたるとげとげしい交渉の後に、一九八二年一一月、アメリカは制裁を解除した。この一連の出来事から、アメリカの政策決定者たちは、世論の支持が高く経済的にも有益な、ヨーロッパとソ連のデタントという枠組みの破壊を、西ヨーロッパは望んでいないと痛感することになった。米ソのデタントはすでに一九七〇年代末には破綻していたが、ヨーロッパにおけるデタントはその勢いを保っていた。一九八〇年代初めまでには、約五〇万人分もの西ドイツの雇用が、東側との貿易に関連するものとなっていた。また、パイプライン建設合意は、中東のエネルギーに依存する西ヨーロッパ各国の目には天の恵みのように映っていた。［しかし、パイプラインをソ連に対する経済制裁に含めるよう、高圧的な態度で西ヨーロッパ諸国に迫ったレーガン政権は、一九八一年五月、カーター前政権がアフガニスタン侵攻に対する制裁としてソ連に科した穀物禁輸措置を解除することを発表していた。大統領選挙の際の選挙公約を守るためである。］そのため、ヨーロッパの外交官や政治家、ビジネスマンたちは次のような疑問を投げかけた。農家に対するレーガンの選挙公約を守る必要から、ソ連への穀物輸出を再開するよう同盟国アメリカの機嫌をとるだけのために、ソ連圏との有益な商業上の交流を放棄する理由があるだろうか。こうした疑問をヨーロッパの外交官や政治家、ビジネスマンは投げかけた。西ヨーロッパには経済的利益を犠牲にしてソ連に制裁を科すように迫り、自らは制裁を緩和して穀物輸出を再開する、このようなアメリカの偽善的な態度は、その高圧的な態度と同じくらいヨーロッパ各国をいらだたせた。もっと広い意味で言えば、ヨーロッパ各国の国防政策の担当者たちは、アメリカの国防関係者のように、ソ連の脅威を終末論的な観点からは見てはいなかったのだ。

新世代のアメリカ製中距離核ミサイルの西ヨーロッパ配備は、大西洋同盟の内部で最も激しい議論を巻き起こした問題だった。この問題をめぐっては、アメリカ政府と一部のヨーロッパ諸国政府の間のみならず、同じヨーロッパ各国の政府と国民の間でも意見の対立が生じた。この問題の発端は、一九七七年にソ連が、おもにドイツを標的とする移動式の地上発射ミサイルSS20を、ソ連領内のヨーロッパ側に配備したことであった。カーター政権は当初、中性子爆弾と呼ばれた、放射線による殺傷力を強化した兵器によって、ソ連による新規のミサイル配備に対抗するという提案を行った。中性子爆弾をめぐっては大きな議論が巻き起こり、一九七八年にカーターは中性子爆弾を配備しないという決定を下した。これに怒りを爆発させたのが、アメリカは信用できないとの不満をすでに抱いていたシュミット西ドイツ首相であった。ソ連がアフガニスタンに侵攻するわずか二週間前、NATOは、ドイツ、イギリス、イタリア、ベルギー、オランダに計五七二基のパーシングⅡと巡航ミサイルを配備するという決定を下したが、この決定は中性子爆弾をめぐる混乱から生まれたものであった。しかし、実際のところ、この決定は条件付きのものであった。というのも、この決定は、ヨーロッパの戦域核兵器について安定的な均衡を達成するため、ソ連との新たな軍備管理交渉を推進するという別の決定と、一対のものとして行われた――それゆえ「二重決定」として知られている――からである。つまり、この二つ目の決定に基づいて実施される軍備管理交渉が上手くいった場合には、最初の決定に従ってアメリカの約束したミサイル配備を実施する必要がなくなる可能性があったのであり、そのため多くのヨーロッパ諸国は軍備管理交渉の成功を祈っていた。大統領に就任するとレーガンは、中距離核戦力（ＩＮＦ）の配備に向けて迅速に動くつもりであると宣言した。しかし、その一方でレーガンは、軍備管理合意を嘲笑するような態度も隠さなかった。このことは、米ソ交渉が無駄骨に終わることを意味していた。

米ソ関係が冷え込み、レーガン政権の反共主義的なレトリックが過熱していく中で、アメリカの新型核兵器がヨーロッパに配備される見通しが出てきたことから、核軍拡競争に対する大衆の懸念は過去数十年間で最も高まった。その結果、パーシングⅡミサイルと巡航ミサイルを配備する日が近づいてくると、西ヨーロッパ全域で大規模かつ広範な平和運動が巻き起こった。一九八〇年一一月には西ドイツで、主だった宗教団体や政治団体が主導して「クレーフェルト・アピール」が出された。「核による死の脅威が迫っている。ヨーロッパに核兵器はいらない」という、その綱領を支持する署名は二五〇〇万件を超えた。一九八一年一〇月には数百万人ものヨーロッパ人が、米ソのミサイル配備に抗議するデモ集会に加わった。ボン、ロンドン、ローマで開催された抗議集会には、それぞれ二五万人以上の参加者が集まった。その翌月にはアムステルダムで、オランダ史上最大となる五〇万人規模の

1981年10月にベルギーの首都ブリュッセルで行われた反核抗議デモで、レーガン大統領に似せて作った人形を持つ参加者（© Henry Ray Abrams/ Corbis）。

抗議集会が行われた。この集会が行われる直前、記者の質問に対してレーガンが、戦場で核兵器が使用されたとしても「主要大国［米ソ］がいずれも核のボタンを押さない」可能性があるとコメントしたため、意図せずして彼は平和運動の火に油を注ぐことになった。レーガンがあまり深く考えることなく口にした、「戦場」という言葉が、ヨーロッパを指していることは明らかだったため、ヨーロッパ各国のメディアは［米ソ両国の本土を戦争の災禍にさらすことなく、東西ヨーロッパのみを米ソ核戦争の戦場とする可能性を示唆する］このコメントをセンセーショナルに報道したのだ。一九八二年六月にレーガンがフランスと西ドイツを訪れた際には、ボン市内を流れるライン河畔に沿って三五万人が反核平和集会を開いた。また、西ベルリンでも十万人を超える人々が激しい抗議を繰り広げるなど、更なるデモが展開された。この西ベルリンでの集会は、レーガン訪問中のデモを全面的に禁止するという政府命令に逆らって行われたものであり、大規模な暴動へと発展した。一九八三年一〇月には数百万人の市民がロンドン、ローマ、ボン、ハンブルク、ウィーン、ブリュッセル、ハーグ、ストックホルム、パリ、ダブリン、コペンハーゲン、その他のヨーロッパ主要都市の街路を占拠し、ＩＮＦ配備を阻止するための最後の努力を行った。しかし、結局のところそれは不首尾に終わった。

ヨーロッパの平和運動は幅広く支持された。英独両国においては一九八三年初頭から、それぞれの主要野党である労働党と社会民主党が、パーシングⅡと巡航ミサイルの配備に抗議する動きを展開した。その他にも、西ヨーロッパ全土の労働組合や教会、学生団体も反核姿勢を強めた。一九八二年に行われたある世論調査によると、主要なＮＡＴＯ加盟国における平和運動の支持率は、五五パーセントから八一パーセントにわたっている。アメリカの軍備管理交渉の担当者であったポール・ニッツェは、この調査結果を検討した際、国務省での会議の席上、次のように述べている。「私たちは、ヨーロッパで政治問題を抱えている」。

アメリカ国内でもレーガン政権は政治的な問題に直面していた。核戦争の危険に対する国民の意識は高まり、「平和を求めるさまざまな勢力によって」ヴェトナム戦争以降では最大の平和連合が形成されるようになっていた。西ヨーロッパと同様、アメリカでも、教会が運動の中心を担った。強い影響力を持つ世界教会協議会が、通常は政治問題に関わろうとしない米国ローマ・カトリック司教たち

1982 年 6 月 12 日にニューヨークで開かれた反核デモの様子（© Bettmann/ Corbis)。

と同じく、核軍拡競争をやめるよう訴えた。一五〇ページにわたった一九八三年五月の教書の中で、[訳注15]カトリック司教たちは、「私たちは人類創世以来、神が造りたもうた創造物をほぼ破壊することができる力を手にした、初めての世代なのです」と力説した。司教たちはさらに、政府の政策を直接的に否定し、「核の優位を確立しようとすることは拒否しなければなりません」と訴えた。医学界や科学界からも声が上がり、核戦争が人類にもたらす悲惨な結末が強調された。科学者の中には、大規模な核戦争の結果、地球の気温が劇的に低下し、多くの動植物が死滅するという「核の冬」について語るものもいた。核戦争がアメリカの代表的な都市にもたらす影響を説明するため、「社会的責任を果たすための医師団」は、ボストンの中心部に一メガトンの核爆弾が投下された場合の被害予想を発表した。それによると、死者は二〇〇万人以上にのぼり、町の中心部は完全に破壊され、郊外にも爆発とそれに伴う放射能の甚大な影響が及ぶとされた。また、日刊紙『デトロイト・フリープレス』もその日曜版で、デトロイトの町が標的となった場合に、核攻撃が同市にもたらす死と破壊の恐ろしさを伝えた。ジョナサン・シェルのベストセラー『地球の運命』（一九八二年）でも、核戦争がもたらす恐ろしい結末が詳細に描かれた。しかし、とりわけ大きな影響を持ったのは、ＡＢＣニュースが放送した「ザ・デイ・アフター」である。核攻撃を受けた後のカンザス州ローレンスの姿をリアルに描いたこの番組は、一億人のアメリカ人に視聴された。「ザ・デイ・アフター」が持ちうる文化的影響を強

訳注15　ここでの教書は司教が教区の信徒にあてて送る文書・書簡のこと。

く懸念したレーガンは、その放送直後にジョージ・シュルツ国務長官をＡＢＣの番組に出演させて、国民の反応をやわらげようとしたのである。

一九八二年から一九八四年にかけて頂点に達した核凍結運動は、アメリカ国民の間に広がった反核意識がもたらした大きな政治的産物だった。一九八二年六月一二日にニューヨークのセントラル・パークで繰り広げられた抗議デモには、米ソ双方の核戦力凍結を支持する百万人の人々が集まった。この抗議集会は、現在に至っても、アメリカ史上最大のデモとして記録されている。この核凍結運動に対しては、議会内部でも強い支持が集まった。実際、一九八三年五月四日にアメリカ連邦議会下院は二七八票対一四九票という大差で核凍結決議案を可決した。また一九八三年を通じて、世論調査での核凍結運動に対する支持率は七〇パーセントを超えていた。また、こうした世論調査の結果には、レーガン政権の軍事政策に対する一般国民の不安について明確に示すものもある。ある調査によれば、調査対象となったアメリカ市民の五〇パーセントが、ソ連との交渉により大きな努力を傾け、軍備拡張に対する努力を減らしたほうが、アメリカの安全が高まると考えており、この見方に反対する声はわずか二二パーセントであった。また、一九八三年一二月に実施されたギャロップ社の調査によれば、アメリカ人の四七パーセントが、レーガンの軍備増強によってアメリカは「平和」ではなく、むしろ「戦争に近づいている」と回答しており、この見方に反対する声もわずか二八パーセントという結果だった。

こうした政治の現実を前に、レーガンは、一九八四年に入ると、意図的にレトリックを軟化させて

熊に気をつけろ！

1984年のアメリカ大統領選挙期間中に、レーガン陣営が流したテレビコマーシャルで最も印象深かったのは、身体の大きな、恐ろしい茶色の熊が登場するものだ。熊が森の中を進んでいくと、次のような重々しいナレーションが流される。「森には熊がいます。でも、熊に気づく人もいれば、全く気づかない人もいます。熊は人に馴れているという人もいれば、暴力的で危険だという人もいます。どちらが正しいかわからないのであれば、熊と同じくらい強くあることが賢明ではないでしょうか。もし熊がいるのであれば」。この寓意的なコマーシャルの意図は明らかであろう。何をするか予測不可能なソ連という熊が依然としてうろうろしているような時に、自分は大統領として油断してアメリカの安全を危険にさらすようなことはしない、とレーガンは有権者に伝えようとしていたのだ。

いった。彼と最も緊密な関係にあった政策アドバイザーの何人かは、同年秋の大統領選挙ではソ連外交政策が最もやっかいな争点となる恐れがあるため、ソ連に対してもう少し柔軟なアプローチをとったほうが再選の可能性は高まるだろうとレーガンを説得した。シュルツ国務長官も、ソ連への外交アプローチを復活させるようレーガンに強く働きかけていた。その結果、この年の一月に行われた重要な演説で、レーガンは、一九八四年を「平和の好機が訪れる年」と呼び、交渉を再開する用意があることを明らかにして、ソ連側に和解を呼びかけた。レーガンは、自身が起草したこの演説の結びの部分では、米ソ両国の平和を希求する「ジムとサリー」「イワンとアーニャ」という、ごく普通のアメリカ人とソ連人のカップルの姿を活き活きと描いてみせている。そして大統領選挙真っただ中の九月二四日、レーガンは国連総会に出席し、中距離核戦力（ＩＮＦ）、戦略兵器削減（ＳＴＡＲＴ）、対衛星攻撃兵器（ＡＳＡＴ）という、三つの異なる分野をめぐる核戦力交渉を一つの共通の傘のもとで統合し、新たな米ソ交渉の枠組みを構築することを提案した。

この年の一一月にレーガンは圧倒的勝利を収めて再選を果たし、その後まもなく、ソ連は、レーガンが提案した枠組みに沿って交渉を行うことに同意した。一九八四年二月には、アンドロポフの死を受けて、コンスタンティン・チェルネンコがソ連共産党第一書記に就任していたが、このチェルネンコが新たな交渉の開始を承認したのである。しかし、一九八五年三月に始まった交渉はすぐに行き詰った。この時大きな障害となったのは、レーガンがその実現を熱望していた、ミサイル防衛プログラムであった。ソ連側は依然、この計画が危険なまでに戦略的均衡を不安定化させる恐れがあると考えていた。偶然にも、この交渉が開始されたタイミングは、後に大きな意味を持つソ連の国内情勢の変化と重なった。それは、病身のチェルネンコが政権獲得後わずか一年足らずで死亡し、彼とは全く違うタイプの国家指導者がその後継者となったことであった。

3　ゴルバチョフと冷戦の終焉

一九八五年三月にミハイル・ゴルバチョフがソ連共産党書記長に就任したことは、冷戦の最終段階における、最も決定的な歴史の転換点となった。それは、冷戦終結を速め、米ソ関係を劇的に変化させた、最も重要な要因であった。エネルギーに満ちあふれていた五四歳のゴルバチョフは、一九八〇年代後半に締結された歴史的な兵力削減協定をもたらした重要な譲歩のほぼすべてを行った。一連の提案と譲歩を予想しえない形で――しかも、しばしば一方的に――行うことで、ゴルバチョフは、米ソ関係の雰囲気を完全に変化させることに成功した。アメリカは、ソ連が拡張主義的な計画を持っていると想定し、戦後四五年間にわたってそれを阻止しようとしてきた。しかし、最終的にゴルバチョフは、米ソの敵対関係を終わらせることに成功したのだ。もしゴルバチョフが登場していなければ、一九八五年から一九九〇年にかけて起こった歴史的変化は、考えることすら難しかっただろう。

ゴルバチョフと外相のエドアルド・シェワルナゼは、安全保障と核兵器、そしてこの両者と二つの最重要課題――国内改革と社会主義の再活性化――の関係について、きわめて新しい考え方に立っていた。広く西側社会を経験し、西側の関係者との密接な接触を続けてきたソ連の科学者や外交政策専門家の影響もあって、当時、ソ連の知識人を取り巻く環境は変化しつつあった。こうした知的な環境から影響を受けたゴルバチョフとシェワルナゼは、旧態依然としたソ連政府指導部と、停滞していた米ソ対話の両方に「新思考」を注入しようとした。ゴルバチョフの側近であったアナトリー・チェルニャーエフは、一九八六年初め、次のように述べている。「ゴルバチョフは本気で、どんなことがあっても軍拡競争を終わらせようと決意していたというのが私の印象です」。「ゴルバチョフがこの『リスク』を冒したのは、たとえソ連を完全に武装解除したとしても、攻撃する国などないことを彼が理解していたため、実際にはリスクでもなんでもなかったからです。それに、ソ連を強固な基盤の上に立たせるためには、軍拡競争の負担を軽減しなければなりませんでした。軍拡競争は、単なる経済的な資源の垂れ流し以上のものでした」*。

ゴルバチョフとシェワルナゼは、軍拡競争は自滅をもたらすという結論に達していた。なぜなら軍拡競争は、困窮した経済の負担となるばかりで、国家の本当の安全にとってプラスになるものが全くなかったからである。シェワルナゼは、次のように述べている。「国家を外部の軍事的脅威から防衛するという、数世紀にわたって続いてきた伝統的な安全保障に対する考え方は、人類文明の重大な構造的・質的変化によって揺さぶられています。その変化は、科学技術の果たす役割が増大し、そして世界における政治、経済、社会および情報の相互依存の増大の結果としてもたらされたものなのです」。

ゴルバチョフは、本当の安全は軍事的な手段ではなく、「政治的な手段」によってのみもたらされると主張し、次のように強調した。グローバルな「相互依存」とは、「すべての人々が、ロープでつながった山肌の登山者と同じような状況にあることを意味しています。一緒に頂上まで達することもできますが、逆に全員そろって地の底へと落ちる可能性もあるのです」。また別の機会にゴルバチョフは、「軍事的な優位を勝ち獲ろう」とすることは、「自分の尻尾を追いかけるようなものです」とも述べている。ソ連の新しい指導者たちは、理性を持った人間や国家であれば、核兵器を実際に使用することなどなく、また、ソ連は少なくとも自衛のためには十分な核兵器を保有していると確信していた。それゆえ彼らは、アメリカと共同で核兵器および通常兵器の削減を進めることが、ソ連外交の最も重要な目標だと考えていたのだ。また、そうすることで、より安全な国際環境の実現を促し、同時に、深刻な問題を抱えた経済システムの国内改革という、久しく進んでいない課題に必要な資源を振り向けることが可能となる、と彼らは考えた。ゴルバチョフが国内で推し進めたペレストロイカ（建て直し）及びグラスノスチ（情報公開）と、アメリカとの軍拡競争を停止し、デタントの終焉以来続いていた米ソ超大国間の激しい敵対関係に終止符を打つという彼の決意とが、最初から密接に結びついていたのはそのためであった。

一九八五年から一九九〇年にかけて立て続けに起きた一連の出来事は、各国の政策決定者たち、外交政策の専門家たち、そして、世界中の市民を仰天させた。しかし、それらの画期的な出来事に先行し、また、それを左右したのが、アメリカや東ヨーロッパ、そして世界全体に対するゴルバチョフの政策に生命を吹き込んだ、安全保障や核兵器、そしてソ連国内のさまざまな必要性に関する新思考であったことが、いまでは明らかである。ロナルド・レーガンは、冷戦期全体を通じて最も反共主義的なアメリカの指導者だった。その彼の前に突如現れたのは、レーガン自身が「ノー」というより先に軍備管理に「イエス」と言い、ソ連の外交政策を「脱イデオロギー化」させる動きを見せ、通常兵器に関する譲歩を一方的に提案し、ソ連軍のアフガニスタン撤退を宣言するソ連の指導者であった。そ

＊　本引用および以下の引用のいくつか、および本章の分析記述の多くは、以下の論文に基づいている。Melvyn P. Leffler, "The Beginning and the End: Time, Context and the Cold War," in Olav Njølstad, ed., *The Last Decade of the Cold War: From Conflict Escalation to Conflict Transformation* (London: Frank Cass, 2004)

してレーガンの非常にすばらしかったところは、まず悪意に満ちた共産主義の性質に関する自分自身の根深い確信をやわらげ、やがてその考えを捨て去り、真の意味での和解の実現をいとわなかったことであった。

レーガンとゴルバチョフは、一九八五年から一九八八年までの間に五回の会談を行い、その度に親交を深めていった。初顔合わせとなった、一九八五年一一月にスイスのジュネーヴで開催された会談では、実質的な成果は生まれなかったが、米ソ両国間の雰囲気は大きく改善された。そしてこの会談の後にゴルバチョフがレーガンを説得して、一九八六年一〇月にアイスランドの首都レイキャビクで首脳会談を開催することが急遽決定された。このレイキャビク会談の際、レーガンとゴルバチョフは、弾道ミサイルを全廃するという決定の寸前にまで至った。しかし結局のところ、レーガンがＳＤＩ政策の継続を主張したため、ゴルバチョフはこの歴史的な提案を取り下げることになった。だが、レイキャビク会談での後退は一時的なものにすぎなかった。この会談後まもなく、ゴルバチョフは、アメリカがＳＤＩを放棄することを、すべての軍備管理問題を前進させるための前提条件とするという主張を取り下げ、一九八一年にアメリカ側の交渉担当者が提示した「東西ヨーロッパからすべての中距離核戦力の撤去を求める」「ゼロ・オプション」を受け入れる姿勢を見せた。この「ゼロ・オプション」提案は、明らかにアメリカ側に有利なものであり、アメリカは主として宣伝戦のためにこの提案を行っていた。しかし、ゴルバチョフが譲歩したことで中距離核戦力（ＩＮＦ）全廃条約締結への道が開かれ、同条約は一九八七年一二月のワシントン米ソ首脳会談で調印された。この頃レーガンは公の発言の中で、ソ連の古い格言だと言いながら「信頼せよ、しかし検証せよ」と、おどけた調子で何度も繰り返していた。これに対して、ゴルバチョフはもっと壮大なビジョンを語っていた。「一九八七年一二月八日は、歴史書に刻まれる日になるかもしれません。核戦争の脅威が高まった時代と、人類の生活が非軍事化される時代の分岐点となる日として」。ＩＮＦ全廃条約は速やかにアメリカの連邦議会上院で批准され、ソ連の核兵器一八四六基、アメリカの核兵器八四六基が三年以内に廃棄され、その際には、米ソ双方が相手国による自国核施設の詳細な査察を許可するという、前例のない措置がとられることになった。実在する核兵器が制限されるのではなく、削減されたのは、核時代に入って初めてのことであった。

一九八八年春のレーガンによるモスクワ訪問は、米ソ関係――そして冷戦――が大きく変化していることを、さらにはっきりとした形で示すものとなった。いまやレーガンとゴルバチョフは、かつてのような敵ではなく、お互いに友好的なパートナーとして相手に接していた。また、かつてはソ連国家を悪の帝国と言い表していたレーガンは、いまや、そうした考えを否定するようになっていた。ある記者に、いまでもソ連を悪の帝国だと考えているかと聞かれたレーガンは、「いいえ、それは別の時代の話です」と返答している。レーガンは、冷戦開始以来、ソ連国家に対して最も辛辣な批判を展開してきた人物であった。そのレーガンが、モスクワ出発前の公式談話の中で、レーガン自身、ナンシー・レーガン大統領夫人、そしてアメリカ国民が「ソ連の人々に対して深い友情を抱いていることを、ソ連の人々に伝えてほしい」とゴルバチョフに依頼したのだ。そしてレーガンは「人類の歴史に

1988年5月のモスクワ訪問の際に、赤の広場をゴルバチョフとともに歩くレーガン（US National Archives and Records Administration）。

訪れた新時代、すなわち、米ソ両国とその国民にとっての平和の時代への希望」を表明した。レーガンとゴルバチョフが親しげに手を携えてモスクワの赤の広場を歩く光景や、レーガンが巨大なレーニン像を前にして、モスクワ大学の学生にお得意の独特の魅力で語りかける光景は、たしかに米ソ間で大きな変化が起こったことを明白に示していた。

一九八八年一二月にはゴルバチョフが訪米し、レーガンと最後の会談を行った。この時ゴルバチョフは、次期大統領のジョージ・ブッシュとも会談し、その人となりを見極めようとした。このアメリカ訪問は国連でのゴルバチョフの演説と時期が重なり、この演説の中でゴルバチョフは、ソ連軍を一方的に五〇万人削減するとの考えを表明した。この国連での演説を、米紙『ニューヨーク・タイムズ』は社説で次のように称賛している。「昨日、ミハイル・ゴルバチョフが国連で示したようなビジョンを、世界的な政治家が提示したのは、おそらく一九一八年にウッドロー・ウィルソンが一四カ条の原則を発表し、一九四一年にフランクリン・ローズヴェルトとウィンストン・チャーチルが大西洋憲章を発表して以来、初めてのことだろう」。

ソ連軍を一方的に削減するというゴルバチョフの提案によって、東ヨーロッパにおけるソ連の軍事プレゼンスは大きく削減された。この提案はさらに、ゴルバチョフの一連の公的・私的な発言と同じように、ソ連政府指導部が、いわゆるブレジネフ・ドクトリン——ワルシャワ条約機構加盟国に対する厳しい支配を維持するため、必要ならばソ連は武力を行使するという原則——を放棄しつつあることを示唆するものでもあった。このようにソ連の統制が弱まっていくなか、東ヨーロッパの反体制派

1989年11月のベルリンの壁崩壊（© Raymond Depardon/ Magnum Photos）。

はそのことに歓喜し、共産党の守旧派はおののいた。これに続いて、市民による民主主義革命の波が急速に広がり、東ヨーロッパの共産主義体制は権力の座から追い落とされた。それは、一九八九年半ばに、それまで活動を禁止されていた自主管理労働組合「連帯」が新政府を樹立したポーランドで始まり、その年の暮れにニコラエ・チャウシェスクが処刑されて旧体制が崩壊したルーマニアで終わった。旧秩序の瓦解を最も強く象徴する出来事は、一一月九日のベルリンの壁崩壊だった。約四五キロメートルにわたる悪名高いこのコンクリート製の壁は、かつてドイツの首都であったベルリンの分断にとどまらず、ヨーロッパ全体の分断を象徴するものとなっていた。それゆえベルリンの壁が崩壊すると、ヨーロッパの分断もまた解消されたのだ。アナトリー・チェルニャーエフの日記には、次のような記述が残されている。「世界的な現象としての社会主義の完全崩壊が進んでいる」。「そしてこの動きを引き起こしたのは、スタヴロポリ出身の同志なのだ」。ブッシュ政権は、東ヨーロッパの共産主義諸国が拒絶されている状況に大喜びしないという、賢明な判断を下していたが、そのブッシュ政権を喜ばせたのは、スタヴロポリ出身の同志――ゴルバチョフ――が「軍事介入を選択することなく」事態の展開を放置したことであった。

ベルリンの壁が崩壊し、それに付随して東ヨーロッパの共産主義政権のみならず、ワルシャワ条約機構の同盟システム全体までもが崩壊したことは、さまざまな点から見て、冷戦の終焉を意味する出来事であった。イデオロギー対立はいまや終わりを告げ、共産主義やソ連は、アメリカとその同盟諸国にとって重大な安全保障上の脅威ではなくなった。そのため、多くの専門家は一九八九年が冷戦終結の年だと考えた。しかし、この時点ではまだ、決定的に重要な問題が未解決のままであった。ドイツの地位をめぐる問題である。この非常に重要で、解決困難であった問題こそが、第二次世界大戦直後に米ソ間の対立を昂進させたのだ。

ベルリンの壁が崩壊すると、ヘルムート・コール首相が率いる西ドイツ政府は、ドイツ再統一に向けて動きだした。しかし、西ドイツの行動は、やっかいな戦略上のジレンマをソ連に突き付けた。ゴルバチョフは、ソ連に忠実な東ヨーロッパの衛星国を安全保障上の理由で確保することは、もはや必要ではないと計算していた。しかし、ドイツだけは別問題だった。スターリンによる独裁時代から分断されたドイツは、ソ連の安全保障政策の中核的要素を占めてきた。シェワルナゼは、次のように述べている。「わが国はそれに対して、きわめて重い代償を支払ってきたのであり、それを帳消しにすることは考えられなかった。戦争の記憶のほうが、安全保障の限界に対する新たな考え方よりも強かった」。しかし、結局のところ一九九〇年の半ばまでに、ゴルバチョフは、ドイツの再統一は不可避であると考えるようになった。再統一へと向けた事態の流れに逆らうことはほぼ不可能に見え、ゴルバチョフは、それを阻止するために軍事力を用いることを望んではいなかった。それゆえゴルバチョフは、ドイツは西側の安全保障システムに組み込まれたままになる、というブッシュ政権の保証に救いを見出した。ゴルバチョフが最も恐れていたのは、行動上の制限を解かれ新たな力を得たドイツが、将来、ソ連の安全保障上の脅威となることであった。これと全く同じ恐怖感が、第二次世界大戦中および大戦後のドイツ問題に対するスターリンのアプローチの背後にあったことは、強調に値する。しかし、過去四〇年以上にわたるドイツ民主主義の実績が、こうした懸念をやわらげる役割を果たしたのだ。ドイツはNATOから自律的な立場をとるのではなくNATOにとどまるというアメリカの主張と、戦後のドイツが平和、安定、民主的統治の実績を積み上げてきたことが、ゴルバチョフの不安を軽減したのである。

一九九〇年の夏には、ソ連、アメリカ、イギリス、フランス、ドイツの間で、二つのドイツが単一の主権国家を形成し、再統一されたドイツがNATO軍事同盟に帰属し続けることが合意された。いまやドイツのパワーは西側陣営に完全に引き入れられ、冷戦期のアメリカ政府にとっての最大の懸念の一つ——親ソ的な統一ドイツの可能性——は消滅した。ブッシュ政権で国家安全保障問題担当大統領補佐官を務めたブレント・スコウクロフトは「NATOに帰属する統一ドイツをソ連が容認した時、冷戦は終わったのだ」という簡潔な見方を提示しているが、この見立ては基本的に正しい。一九八九年ではなく一九九〇年こそが、本当の意味で冷戦が終わった年であった。一九九一年のソ連崩壊は、ゴルバチョフの改革によって解き放たれ、そしてついには彼自身も制御ができなくなった諸力の産物であった。ソ連の崩壊は、それ自体、きわめて重要な歴史上の出来事ではあるが、冷戦との関連で見れば、それほど重要な意味を持つものではない。なぜならソ連が消滅した時、冷戦はすでに歴史上の出来事になっていたからである。

監訳者解説

本書はオックスフォード大学出版会から出版されているシリーズ A Very Short Introduction の一冊として刊行された Robert J. McMahon, *The Cold War: A Very Short Introduction* (Oxford University Press, 2003) の全訳である。このシリーズは人文・社会科学から、自然科学、文化、時事問題まで、幅広いテーマについて、簡潔にわかりやすく解説する入門書シリーズである。本シリーズ各書の著者には、その道の第一人者が選ばれているが、もちろん、本書の著者ロバート・マクマン教授もその例外ではない。

マクマン教授はアメリカ外交史研究の大家の一人であり、フロリダ大学や、国際政治史研究の名門オハイオ州立大学で教鞭をとった後に退任され、現在はオハイオ州立大学の名誉教授である。マクマン教授は、第二次大戦後のアメリカ外交、とくにインドやパキスタン、インドネシアといった、第三世界に対するアメリカの冷戦政策についての研究書のほか、トルーマン政権の国務長官であったアチソンの伝記など、数多くの著作を世に送り出してきた。また日本の研究者との共同研究のために、たびたび訪日されており、その成果である次の三つの論文は日本語でも読むことができる。

「安全保障か自由か?――朝鮮戦争がアメリカ的世界秩序に与えた影響」菅英輝編著『冷戦史の再検討――変容する秩序と冷戦の終焉』(法政大学出版会、二〇一〇年)に所収。

「ひ弱な同盟――冷戦下アジアにおけるアメリカの安全保障関係」菅英輝編著『冷戦と同盟――冷戦終焉の視点から』(松籟社、二〇一四年)に所収。

「デタント時代における米独関係、1968-1972年」菅英輝編著『冷戦変容と歴史認識』(晃洋書房、二〇一七年)に所収。

本書は、学生や一般読者に向けて冷戦史の概要を提示することを目指したものであり、第二次世界大戦末期から、ドイツが再統一された一九九〇年までの時期に発生した重要な出来事や、冷戦の歴史的な変化の過程がコンパクトに、しかも、わかりやすく記述されている。「はじめに」の中で述べられているように、マクマン教授は、次のような問題を念頭に置きつつ叙述を進めることで、冷戦の特徴を浮かび上がらせている。「冷戦はどのようにして、いつ、なぜ始まったのか。なぜそれほどまで長い間続いたのか。なぜ当初ヨーロッパに起源があった冷戦が、ほぼ全世界を巻き込むまでになったのか。なぜ冷戦は突然、思いがけない形で終焉を迎えたのか。そして冷戦はどのような影響を世界に与えたのか」。

本書で描かれている冷戦史の特徴を知るためには、まず、冷戦史の研究がどのように進んできたか、その概要を知ることが有益である。冷戦史をめぐる議論は、一九六〇年代後半の「冷戦起源論争」から始まった。それは、冷戦を開始した責任がアメリカとソ連のいずれにあるかを問うものであった。この論争は、冷戦初期のアメリカ政府の外交文書が公開される前に行われたこともあって、歴史解釈をめぐる厳密な議論というよりも、アメリカの冷戦政策の是非をめぐるものであったといってよい。この意味で、冷戦起源論争は、それ自体がイデオロギー的な性質を持つものであった。その後一九七〇年代に入ると、冷戦史研究は主に、公開が始まったアメリカ政府文書を利用して、アメリカの冷戦政策を丹念に分析するものとなった。これは冷戦史研究を大きく進めたが、次第に、冷戦史が「アメリカ政府の目から見た冷戦史」に矮小化されている、との批判もなされるようになった。

こうした研究状況を大きく変えたのが冷戦の終焉である。冷戦が終わった一九九〇年代以降、イギリス・フランス・西ドイツといった西側同盟諸国のみならず、ソ連や東ヨーロッパといった旧東側諸国の政府文書も公開され始めた。すなわち、冷戦期にはブラックボックスに入っていた、ソ連や東側諸国の対外認識や政策決定過程について（西側諸国と比べれば、まだまだとはいえ）ある程度まで明らかになったのである。また部分的にではあるが、脱植民地化の主体となった第三世界諸国の政府文書の公開も始まった。これによって、米ソ以外のさまざまな国家が、どのように第二次大戦後の世界を眺めていたのか、どのような目的を実現するために、どのような政策を遂行しようとしたのか、またそれが冷戦の展開にどのような影響を与えたのかがわかるようになってきた。こうして「アメリカ外交の歴史」もしくは「米ソ関係の歴史」として始まった「冷戦史」は、複数のさまざまな国家の相互関係を描いた「国際関係史としての冷戦史」へと変わっていった。

さらに一九九〇年代後半以降は、外交や軍事をめぐる国家と国家の関係を超えて、冷戦が各国の文化や社会、芸術、思潮に与えた影響や、反対に、各国の社会や文化の状況がより大きな冷戦対立に与えた影響について明らかにする研究が増えていった。このように、その対象となる主体と問題の両面において研究領域を拡大しつつ、冷戦史研究は進展してきたのである（この辺りに関心がある読者は、若干専門的ではあるが、監訳者による「冷戦史研究の現状と課題」『国際政治』一六九号、二〇一一年［https://www.jstage.jst.go.jp/article/kokusaiseiji/2012/169/2012_169_154/_pdf］という小論を参照していただきたい）。

本書は非常にコンパクトな冷戦史の概説書ではあるが、こうした冷戦終焉後の新しい研究成果が随所に、バランスよく取り入れられている。たとえば、冷戦の起源をめぐる第1章の叙述は、旧ソ連政府の文書を用いたソ連外交やスターリンに関する研究の成果に基づいたものである。同じような点は、ベルリン危機をめぐるフルシチョフの外交（第5章）や、米ソ対立を終わらせるうえで決定的な役割を果たしたゴルバチョフの外交（第8章）についても見てとることができる。

また本書では、米ソ超大国を超えて、東西双方の同盟国や、米ソ両国の介入の対象となった第三世界の諸国が、それ自身の目的を実現すべく積極的に行動し、その結果、冷戦の展開にも影響を与えた能動的な主体として描かれている。たとえば、英仏をはじめとする西ヨーロッパ諸国は、アメリカを「招き入れる」ことでヨーロッパにおける冷戦体制の形成に大きな役割を果たした（第2章）。しかし、その一方で、フランスのド・ゴール（第5章）や西ドイツのブラント（第7章）といった西ヨーロッパ諸国の指導者は、一九六〇年代後半以降、東側とのデタントを積極的に追求した。冷戦の大きな原因であった「ドイツ問題」の解決に主体的な役割を果たしたのも、西ドイツのコール首相であった（第8章）。

また、かつて欧米や日本の帝国主義的・植民地支配のもとに置かれていた、アジアや中東、アフリカ、中南米といった第三世界諸国の政治指導者や民族主義的な政治勢力——毛沢東、金日成、ホー・チ・ミン、スカルノ、モサッデク、ナーセル、カストロ、MPLAなど——は、第二次世界大戦後、政治的独立を達成し、経済を発展させて、新国家を建設するという目標に邁進していた。このような、東西冷戦とは異なる独自の目的を追求する主体の動きが、米ソ冷戦や東西関係の行方に大きな影響を与えたことは、朝鮮戦争（第3章）やヴェトナム戦争（第5章）、またオガデン戦争（第7章）の例を見れば明らかである。

また本書の大きな特徴は、主権国家の間で展開された冷戦の「国際的」側面と、世界各国の国内政治や社会情勢の変化という冷戦の「国内的」側面が、互いにどのように影響し合ったかを描いていることである。このことは、本書が「国内冷戦の諸相」と題する章（第6章）を設けて、国際的な冷戦の展開が、第三世界諸国や東西ヨーロッパ、そしてアメリカの国内政治や社会に与えた多様な影響について論じていることによく表れている。なお、この章の原題は"Cold Wars at Home"（下線は監訳者）であり、「冷戦（cold war）」という言葉が複数形で使われている。このことは、各地域・国ごとに多様な国内冷戦の形があったというマクマン教授の考えを物語っているといえるだろう。

さらに本書では、ヴェトナム反戦運動や一九八〇年代の核凍結運動、ゴルバチョフの新思考外交に思想的な影響を与えた科学者たちなどが、米ソやその同盟国の外交政策の方向性に大きな影響を与えたことにも目配りがなされている。こうした、政府以外の主体（国際政治学の用語では「非国家主体」とか「非政府主体」と呼ぶ）が、国境を超えていったさまざまな動きもまた、冷戦の展開に影響を与えたのである。

このように本書は、冷戦終焉後に進展した新しい冷戦史研究の知見を取り入れ、米ソ超大国間の二極対立を超える複合的な現象として冷戦を描こうとしている。こうした新しい研究成果をさまざまな形で取り入れた、冷戦史に関する書籍の出版は現在も続いている。しかし、監訳者は、二〇〇三年の刊行から十数年を経た現在でも、いまだに最もコンパクトで、しかも冷戦の多様な側面をわかりやすく描いているのは、本書ではないかと考えている。それゆえ本書は、大学で国際関係史を学ぶ多くの学生や、現在の国際関係の歴史的背景となる、第二次世界大戦後の国際関係史に興味を持つ一般読者に、ぜひ手にとってもらいたい一冊である。

ところで、こうした多面的な性質を持つ冷戦の実像に迫ることは、それ自体、強く知的好奇心をかきたてる行為であろう。しかし、冷戦を知ることの意義はそれにとどまらない。なぜなら、冷戦が終結してからすでに四半世紀が過ぎた二一世紀の現在、私たちの目の前で生じている多くの出来事が、冷戦をその重要な背景としているからである。

いくつか例をあげよう。

二一世紀に住む私たちの前には、グローバルな世界市場が広がり、膨大な数・量の人や物、お金や情報が国境を越えて動いている。資本主義経済の「グローバル化」は二一世紀になって突如始まったものではなく、一六世紀ごろから連綿と続いてきたものである。しかし、それが質的に大きく転換する契機となったのは、第二次大戦後の最初の四半世紀の間に西側の先進国が経験した資本主義経済と生産性の大幅な拡大であり、これは冷戦が促したものであった（第6章）。当初は西側の先進諸国間——すなわち、鉄のカーテンの西側——で拡大・発展した資本主義経済システムは、徐々に第三世界をその内側に取り込み、そして冷戦終結後には、かつての東側諸国をも取り込むことで、現在のようなグローバルな世界市場が成立したのである。

また、現在、ヨーロッパ二八カ国が参加し、政治的にも経済的にも巨大な存在感を発揮しているヨーロッパ連合（EU）も、東西に分断された冷戦期ヨーロッパの安全保障・政治的な枠組みの中で発展してきたものである。本書の第3、4章でマクマン教授が指摘する通り、二度の大戦を引き起こしたドイツのパワーの管理は、アメリカや西ヨーロッパ諸国にとって、ソ連の封じ込めと同様に重要な課題であった。この問題に対する回答が、再軍備した西ドイツをNATOに参加させる一方で、西ヨーロッパ諸国に対して西ドイツからの安全を保証するためにアメリカがヨーロッパに兵力を駐留させることであった。つまり、西ヨーロッパ諸国は安全保障問題をアメリカに依存しつつNATOに委ねることで、経済統合に大きなエネルギーを割くことが可能となったのであり、この意味で、EUもまた冷戦の産物としての側面を持っているのである。

ヨーロッパの外にも目を向けてみよう。この解説を執筆している二〇一七年一一月の時点では、北朝鮮の核兵器・ミサイル開発をめぐる深刻な対立が東アジアで生じている。米韓日が、北朝鮮への「体制保証」と引き換えに核兵器の放棄を迫る一方で、北朝鮮は、核兵器やミサイルは「安全保障」の手段であると主張している。こうした事態の重要な背景は朝鮮戦争に求めることができる。一九五〇年六月に北朝鮮が韓国に侵攻するとアメリカは直ちに介入を決定したが、一九五三年七月には停戦協定が締結され朝鮮戦争はいちおう終了した。だが、米朝間はあくまで「停戦」状態にあるだけで、朝鮮戦争は現在も正式には終結していない（第3章）。朝鮮戦争から三十数年たった後、冷戦終結へ向けて西側との関係改善を求めていたゴルバチョフ政権下のソ連（第8章）は、韓国と国交を回復した。しかし、その結果、それまで北朝鮮に核抑止を提供してきたソ連と北朝鮮の同盟は有名無実化することになった。そして、このことを契機として、北朝鮮は核開発へと傾斜していったのである。このように冷戦の展開は朝鮮半島情勢を大きく左右したのであり、朝鮮戦争が「停戦」状態であることを根拠に、アメリカが北朝鮮に対する軍事行動を再開する可能性は、現在も払拭されていない。「体制保証」や「安全保障」といった問題が、現在の核危機において重要な論点となっているのは、こうした背景によるものである。

また中東をめぐる混迷にも、冷戦の歴史は影を落としている。二〇〇一年九月一一日のアメリカ同時多発テロの首謀者で、アフガニスタンを拠点とする国際テロ組織アル・カーイダのリーダーであったオサーマ・ビン・ラーディンは、かつて、イスラーム主義的な反政府勢力（ムジャヒディーン）の一人として、アフガニスタンに侵攻したソ連軍（第8章）と戦っていた。カーター政権とレーガン政権は、ソ連に抵抗するムジャヒディーンに資金や武器を供与して支援していたが、ビン・ラーディンもその一人であった。後に反米姿勢を強め、アメリカに対するテロ行為を繰り返したビン・ラーディンもまた、この意味で冷戦の落とし子であったと言えるだろう。

もちろん、冷戦を重要な歴史的背景とする現在の出来事は、この四つにとどまらない。しかし、こうした限られた事例からだけでも、現在を知るために冷戦の歴史を理解することの意味がわかるだろう。

最後に、本書を読んでもっと冷戦について知りたいと感じた読者のために、日本語で書かれた関連書籍をいくつか紹介したい。

冷戦史の全体を描く書物は、本書の他にもたくさんある。**ジョン・L・ガディス（河合秀和・鈴木健人訳）『冷戦——その歴史と問題点』（彩流社、二〇〇七年）**と**マイケル・L・ドックリル、マイケル・F・ホプキンズ（伊藤裕子訳）『冷戦——一九四五—一九九一』（岩波書店、二〇〇九年）**は、それぞれ米英で出版された、学生・一般読者向きの概説書の邦訳である。またわが国の著者によるものでは、**石井修『国際政治史としての二〇世紀』（有信堂、二〇〇〇年）**を、冷戦期全体をカバーした標準的な教科書としてあげることができるだろう。

すでに述べたように、冷戦は多くの側面を持つ出来事であった。とはいえ、マクマン教授が本書で指摘するように、冷戦の根幹には、米ソ超大国の安全保障政策やイデオロギーが存在していた。それゆえ、まずは両国の外交政策やそれを取り巻く国内政治状況について理解することが重要なのである。そこですすめたいのが**佐々木卓也『冷戦——アメリカの民主主義的生活様式を守る戦い』（有斐閣、二〇一一年）**である。この本は、アメリカ外交を軸として冷戦史を描いた読みやすい入門書であり、アメリカの冷戦政策を一八世紀末のアメリカ建国以来の外交的伝統にまでさかのぼって解説している。またアメリカの対外政策が、アメリカ国内の対外政策をめぐる論争や国内政治と絡まりあいながら展開された様子が描かれている。なお、本書を読んで、もう少し詳しく冷戦期のアメリカ外交について知りたくなった読者は、アメリカにおけるアメリカ外交史研究の第一人者による、**ウォルター・ラフィーバー（伊藤裕子・平田雅己監訳）『アメリカＶＳロシア——冷戦時代とその遺産』（芦書房、二〇一二年）**を手にとるとよいだろう。

残念ながら、ソ連外交の全体を扱ったコンパクトな日本語の書籍は出版されていない。**アダム・ウラム『膨張と共存——ソヴエト外交史』（全三巻、サイマル出版会、一九七八年）**は、アメリカのソ連研究の泰斗によって書かれたソ連外交の通史で、ロシア革命が発生した一九一七年から、米ソ・デタントが展開された一九七三年までのソ連外交を描いている。少し古く、また一九七〇年代後半以降がカバーされていないという問題はあるものの、ソ連外交を理解するうえで、依然として多くの示唆に富む本である。現在は絶版であるが、図書館や（オンライン）古書店などで入手できる。冷戦を理解するためには、核兵器が冷戦に与えた影響や意味についても知る必要がある。そのためには、**梅本哲也『核兵器と国際政治——一九四五―一九九五』（日本国際問題研究所、一九九六年）**をまず手にとるとよい。本書は、核兵器と国際政治の関係を説明する国際政治理論や、米ソやその同盟国がとった核戦略、また冷戦期の核軍備管理交渉や核軍縮交渉について知るための良い手がかりとなる。

第二次大戦直後に冷戦の主戦場となったヨーロッパについての書籍は枚挙にいとまがないが、まずは、アメリカと西ヨーロッパに関する**益田実・小川浩之編『欧米政治外交史——一八七一～二〇一二』（ミネルヴァ書房、二〇一三年）**をすすめたい。この書物は一九世紀後半から二一世紀までをカバーした通史であるが、各章で二人の政治指導者（たとえば、トルーマンとチャーチル、アイゼンハワーとアデナウアー、ニクソンとブラントなど）を取り上げ、彼らの伝記を軸として西側諸国の外交政策と国内政治の展開を、その関連性を意識しながら描いている。また東西分断の枠組みの中で、冷戦と密接な関連を持ちながら生成・発展したヨーロッパ統合の歴史については、**遠藤乾編『ヨーロッパ統合史』増補版（名古屋大学出版会、二〇一四年）**を手にとってほしい。

もちろん冷戦期のヨーロッパを理解するためには、「鉄のカーテン」の東側についても知らなければならない。**トニー・ジャット（森本醇・浅沼澄訳）『ヨーロッパ戦後史 上巻——１９４５―１９７１』『ヨーロッパ戦後史 下巻——１９７１―２００５』（みすず書房、二〇〇八年）**は第二次大戦後の東西ヨーロッパの歴史を、外交・政治・経済・社会・文化まで視野に入れて、詳細かつ生き生きと描いている。上下巻で一〇〇〇頁を超える大著であるにもかかわらず、読みやすく、おすすめである。

ヨーロッパ外のさまざまな出来事にも、もちろん目を向けなければならない。冷戦と並んで、第二次世界大戦後の国際関係の方向性に大きな影響を与えたのは脱植民地化である。この二つの歴史的な流れについては**オッド・アルネ・ウェスタッド（佐々木雄太監訳）『グローバル冷戦史——第三世界への介入と現代世界の形成』（名古屋大学出版会、二〇一〇年）**に詳しい。世界的な冷戦史の大家によるこの本では、第三世界の政治指導者や人々による脱植民地化への動きと、それに対する米ソ超大国の介入が、互いにどのように影響を与えあったのかが詳細に描かれている。また、この書物では、その副題が示すように、脱植民地化が進む第三世界に米ソが介入した結果、冷戦後に第三世界でどのような状況が生まれたのかについても明らかにされている。

ヨーロッパの外側で展開された冷戦の様相について知りたい場合には、次のような書物を紐解けばよいだろう。中東については、まず**酒井啓子『〈中東〉の考え方』（講談社現代新書、二〇一〇年）**を読んでほしい。中東研究の第一人者によって書かれたこの本は、主として現在の中東情勢を分析するものではあるが、その歴史的背景となった、冷戦期の米ソと中東諸国の関わりについても一章を用いてわかりやすく論じている。残念ながら、中南米における冷戦を一冊で概観した日本語の著作は見当たらない。ただ、すでにアメリカ外交に関する本として紹介した**ラフィーバー『アメリカVSロシア』**は、冷戦期アメリカの対中南米政策を詳しく説明しており、この地域の冷戦のあらましをつかむための手助けとなる。

わが国を取り巻くアジア地域の冷戦を知るために手にとってほしいのは、**和田春樹・後藤乾一・木畑洋一・山室信一・趙景達・中野聡・川島真著『東アジア近現代通史　下巻――19世紀から現在まで』（岩波書店、二〇一四年）**であり、戦後アジアにおいて、脱植民地化と米ソ冷戦の二つの潮流が交錯する姿が活写されている。**下斗米伸夫『アジア冷戦史』（中公新書、二〇〇四年）**では、冷戦終焉後に公開された旧ソ連政府の史料や関係者の回想録を用いて、ソ連、中国、北朝鮮、ヴェトナムといったアジアの共産主義国間やその指導者の間で展開された、錯綜した関係が明らかにされている。

こうした複雑な東アジア冷戦の中で日本の対外関係や国内政治、社会はどのように影響を受けたのか。**松岡完・広瀬佳一・竹中佳彦『冷戦史――その起源・展開・終焉と日本』（同文館、二〇〇三年）**はある時期の冷戦史を概観する章と、同じ時期の日本外交や日本の国内政治について叙述する章を交互に配することで、冷戦の展開と日本の外交・内政の展開を関連づけて理解することを促す構成となっている。また冷戦期を中心とする戦後日本外交の展開とそれが持っていた問題点について、より深く理解したい人には**波多野澄雄編『日本の外交　第二巻――外交史 戦後編』（岩波書店、二〇一三年）**をすすめたい。

ここまで、地域別・国別に冷戦史を知るための本をいくつか紹介してきたが、冷戦と文化や社会の関係に関する本も紹介しておこう。この分野は冷戦史研究としては、まだ、比較的新しい分野に属するが、わが国でも次第に重要な著作が現れるようになっている。一番手にとりやすいのは、**齋藤嘉臣**

『ジャズ・アンバサダーズ――「アメリカ」の音楽外交史』（講談社選書メチエ、二〇一七年）だろう。国際関係史の研究者でジャズにも深い造詣を持つ著者は、世界の人々の「心と精神」を獲得するために、アメリカ政府が、冷戦戦略の一環としてジャズを用いたことを明らかにしている。しかし、同時に、この本は、ジャズが表象していた「アメリカ」が世界でさまざまな受け止められ方をされ、時には「反米」のシンボルになったことすらあったと論じている。冷戦史だけでなく、ジャズのファンにもぜひ読んでほしい一冊だ。

最後に、冷戦をより広い歴史的文脈の中で俯瞰するために、主権国家体系が形成される重要な契機となった宗教改革から、二〇一六年末までの国際関係の歴史を一冊で扱った本として**小川浩之・板橋拓巳・青野利彦『国際政治史――主権国家体系のあゆみ』**（有斐閣、二〇一八年）をあげておきたい。冷戦の重要な背景となった、第二次世界大戦の終結までを扱う第一部と第二部、冷戦に関する第三部、そして冷戦後から現在までの国際関係について叙述する第四部を通読することで、より大きな国際政治の歴史の文脈における冷戦の位置づけについて理解することができるだろう。

監訳者である私が、本書の原著を初めて手にしたのは、大学院生としてアメリカに留学していたころのことであった。留学時代に入手し、現在まで何度も読み返してきた手元の本は、赤と青の鉛筆でほぼ全体に下線が引かれ、一センチもない余白は書き込みで真っ黒になっている。当時、ケネディ政権期のベルリン危機とキューバ・ミサイル危機に関する博士論文を書いていた私は、冷戦史の概説書を何冊も読み比べていたが、そのコンパクトな外観に比して豊饒な内容を持つ本書から強い印象を受けた。その後、帰国して教壇に立つようになってからも、本書には、初めて担当したアメリカ外交史の講義の準備でずいぶんお世話になり、また、学部ゼミや大学院授業の課題文献としてもたびたび用いてきた。

このように自分自身が学生時代から多くを学び、また、多くの学生たちとともに読みこんで議論を交わしてきた本書には、冷戦史に関する多くの書物の中でも、とりわけ思い入れがある。そのような本の監訳を依頼してくださった勁草書房の上原正信氏には心から感謝したい。

本書の監訳作業は、平井和也氏による原訳を、監訳者が見直し、表現の修正や用語の統一、事実関係の確認を進める形で行った。作業には細心の注意を払ったが、思わぬ誤訳が残っているかもしれない。その責任はすべて監訳者にある。また私の多忙と能力の問題から、作業を終えるまでにずいぶん時間がかかってしまった。作業の終了を辛抱強く待ってくださった平井氏と上原氏には、この場を借りてお詫びとお礼を申し上げたい。

監訳作業にあたっては、いくつかの事実関係について確認する必要が出たが、私の質問に丁寧にメールで答えてくださった原著者のマクマン先生、そして、マクマン先生にコンタクトをとる際にご助言くださった菅英輝先生には心からお礼を申し上げたい。また、訳語の選択その他について、専門家の視点から快くアドバイスしてくださった池田亮、高一の両氏にも感謝の意を表したい。

このように多くの方々の助けを得て刊行される本書が、多くの読者にとって冷戦や国際政治を理解するための一助となれば幸いである。

青野　利彦

●著者紹介

ロバート・マクマン（Robert J. McMahon）

1977年にコネチカット大学でPh.D.を取得。フロリダ大学教授などを務めた後、2005年よりオハイオ州立大学教授。2000年にはアメリカ外交史学会理事長を務めた。

現在：オハイオ州立大学歴史学部名誉教授。専門は国際政治史、アメリカ外交史。

主著：*Dean Acheson and the Creation of an American World Order*（Potomac Books, 2008）,
The Limits of Empire: The United States and Southeast Asia since World War II（Columbia University Press, 1999）,
The Cold War on the Periphery: The United States, India, and Pakistan（Columbia University Press, 1994）など。

●監訳者紹介

青野 利彦（あおの としひこ）

カリフォルニア大学サンタバーバラ校博士課程修了。Ph.D.（歴史学）。

現在：一橋大学大学院法学研究科教授。専門は国際関係史、アメリカ外交史。

主著：『「危機の年」の冷戦と同盟――ベルリン、キューバ、デタント 1961-63年』（有斐閣、2012年、アメリカ学会清水博賞受賞）、
『冷戦史を問いなおす――「冷戦」と「非冷戦」の境界』（ミネルヴァ書房、2015年、共編著）、
『国際政治史――主権国家体系のあゆみ』（有斐閣、2018年、共著）など。

●訳者紹介

平井 和也（ひらい かずや）

実務翻訳者。青山学院大学文学部英米文学科卒業。サイマル・アカデミー翻訳者養成コースで産業翻訳日英コース（行政）を専攻。国際政治や歴史を主な関心領域とし、人文科学・社会科学系を中心に学術文書やビジネス関連文書、政府系文書などの翻訳を多数手掛ける。

事項索引

ア　行

カ　行

サ　行

タ　行

ナ　行

ハ　行

マ　行

ヤ　行

ラ　行

ワ　行

アルファベット

MIRV → 複数個別誘導再突入機
MPLA → アンゴラ民族解放運動
NATO → 北大西洋条約機構
SALT → 戦略兵器制限条約
SDI → 戦略防衛構想
SEATO → 東南アジア条約機構
START → 戦略兵器削減交渉

人名索引

ア 行

アイゼンハワー（Dwight D. Eisenhower） 77, 79-81, 84, 88, 90, 92, 95, 97-103, 108, 109, 111, 112, 116-18, 156, 158, 237
アチソン（Dean Acheson） 4, 13, 52, 59, 60, 71, 93, 126, 159
アデナウアー（Konrad Adenauer） 77, 79, 111, 150, 237
アトリー（Clement Attlee） 63
アルベンス・グスマン（Jacob Árbenz Guzmán） 97
アンドロポフ（Yuri Andropov） 190, 199, 200, 214
イーデン（Anthony Eden） 93
李承晩 70
インヴァーチャペル卿（Lord Inverchapel: Archibald Clark Kerr） 42
ウィルソン（Harold Wilson） 136, 221
ウルブリヒト（Walter Ulbricht） 114

カ 行

カーター（Jimmy [James] Carter） 163, 184-90, 194-97, 205, 206, 235
カストロ（Fidel Castro） 117-20, 125, 231
キッシンジャー（Henry A. Kissinger） 166, 167, 171, 179, 182, 184, 185, 191
金日成 231
グルー（Joseph Grew） 5
グロムイコ（Andrei Gromyko） 108, 110, 168, 169
ケナン（George F. Kennan） 34-36, 195
ケネディ（John F. Kennedy） 106, 113-16, 118-20, 122-24, 126-28, 131, 132, 134, 135, 156, 240
ケネディ（Robert F. Kennedy） 124
ゴー・ディン・ジェム（Ngo Dinh Diem） 97, 116
コール（Helmut Kohl） 223, 231
コスイギン（Aleksei Kosygin） 166, 169

ゴムウカ（Wladysław Gomułka）　83
ゴルバチョフ（Mikhail Gorbachev）　203, 214-21, 223, 224

サ　行

サーダート（Muhammad Anwar al-Sādāt）　179
サッチャー（Margaret Thatcher）　205
サハロフ（Andrei Sakharov）　185, 186
シェワルナゼ（Eduard Shevardnadze）　215, 216, 223
ジャクソン（Henry Jackson）　183, 184, 188
周恩来　171
シュミット（Helmut Schmidt）　204, 206
シュルツ（George Shultz）　212, 213
蔣介石　53, 54, 56-59, 107
ジョンソン（Lyndon B. Johnson）　131-36, 166
スカルノ（Sukarno）　63, 98, 141, 142, 146, 147, 231
スコウクロフト（Brent Scowcroft）　224
スターリン（Iosif V. Stalin）　15-19, 22-29, 31-35, 40, 42, 43, 49, 56, 57, 60, 61, 66, 71, 78, 81-83, 86, 152, 153, 223, 224, 230
スティムソン（Henry Stimoson）　32
ソモサ・デバイレ（Anastasio Somoza Debayle）　188

タ　行

ダレス（John Foster Dulles）　80, 81, 90, 97, 108, 111
チェルニャーエフ（Anatoly Chernyaev）　215, 222
チェルネンコ（Constantin Chernenko）　214
チトー（Josip Broz Tito）　81
チャーチル（Winston Churchill）　2, 24, 26-31, 33, 35, 36, 81, 82, 221, 237
チャウシェスク（Nicolae Ceausescu）　222
ド・ゴール（Charles de Gaulle）　129, 130, 134, 136, 154, 231
ドプチェク（Alexander Dubček）　154
ドブルイニン（Anatoly Dobrynin）　186, 190
トルーマン（Harry S. Truman）　8-10, 12, 30-35, 38-41, 43, 44, 51, 52, 58, 59, 62, 63, 65, 67, 68, 70, 71, 77, 78, 80, 81, 87, 93, 142, 160, 183, 196, 227, 237

ナ　行

ナーセル（Gamāl Abdul Nasser）

89, 90, 146, 147, 178, 231
ナジ（Imre Nagy） 84
ニクソン（Richard M. Nixon） 118, 158, 163, 166–73, 175, 179–82, 191, 196, 237
ニッツェ（Paul Nitze） 183, 184, 209
ネルー（Jawāharlāl Nehru） 146, 147

ハ 行

バーンズ（James F. Byrnes） 31
バオ・ダイ（Bao Dai） 65
バチスタ（Fulgencio Batista） 117
パフラヴィー（Muhammad Redā Pahlevī） 88
ハル（Cordell Hull） 11, 146
ヒス（Alger Hiss） 158
ビドー（Georges Bidault） 40
ヒトラー（Adolf Hitler） 13, 14, 22, 24
フーバー（Herbert Hoover） 22
フォード（Gerald Ford） 163, 175, 178, 181, 182, 185, 196, 227
ブッシュ（George H. W. Bush） 221, 223, 224
ブラント（Willy Brandt） 174–76, 231, 237
フルシチョフ（Nikita S. Khrushchev） 17, 82–84, 86, 100, 101, 105–15, 117, 121, 123–25, 127, 128, 153, 230
ブレジネフ（Leonid Brezhnev） 153, 163, 169, 172, 173, 175, 180, 185–89, 199, 221
ブレジンスキー（Zbigniew Brezinski） 187
ベヴィン（Ernest Bevin） 40, 44
ホー・チ・ミン（Ho Chi Minh） 63, 64, 66, 95–97, 141, 142, 231
ホメイニー（Ruhollah Khomeini） 189

マ 行

マーシャル（George C. Marshall） 39–42, 58, 65, 149, 158
マクナマラ（Robert S. McNamara） 122, 133, 199
マクミラン（Harold Macmillan） 111, 151
マサリク（Jan Masaryk） 42
マッカーサー（Douglas MacArthur） 50, 71, 73
マッカーシー（Joseph McCarthy） 157, 158
毛沢東 53–55, 57–60, 66, 67, 71, 73, 107–10, 171, 231
モサッデク（Mohammad Mosaddegh） 87, 88, 97, 98, 231
モブツ（Joseph Mobutu） 116
モロトフ（Vyacheslav Molotov） 19, 30, 41

ヤ　行

ヤルゼルスキ（Wojciech Jaruzelski）　203
吉田茂　52

ラ　行

ルムンバ（Patrice Lumumba）　115
レーガン（Ronald Reagan）　177, 184, 195-205, 207-209, 212-14, 217-21, 235
レーニン（Vladimir Ilyich Lenin）　19, 22, 35, 86, 189, 196, 221
ローズヴェルト（Franklin D. Roosevelt）　9, 10, 12, 23-30, 53, 54, 56, 170, 221

ン

ンクルマ（Kwame Nkrumah）　146, 147

主要参考文献

全体に関するもの

S. J. Ball, *The Cold War: An International History, 1947–1991* (London, 1998).

H. W. Brands, *The Devil We Knew: Americans and the Cold War* (New York, 1993).

Warren I. Cohen, *America in the Age of Soviet Power, 1945–1991* (New York, 1993).

Richard J. Crockatt, *The Fifty Years War: The United States and the Soviet Union in World Politics, 1941–1991* (London, 1995).

John Lewis Gaddis, *We Now Know: Rethinking Cold War History* (Oxford, 1997).

Walter LaFeber, *America, Russia, and the Cold War, 1945–2000*, 9th edn. (New York, 2002).

Thomas J. McCormick, *America's Half-Century: United States Foreign Policy in the Cold War* (Baltimore, 1989).

David S. Painter, *The Cold War: An International History* (London, 1999).

Ronald E. Powaski, *The Cold War: The United States and the Soviet Union, 1917–1991* (New York, 1998).

Geoffrey Roberts, *The Soviet Union in World Politics: Coexistence, Revolution and Cold War, 1945–1991* (London, 1999).

Martin Walker, *The Cold War: A History* (London, 1993).

Odd Arne Westad (ed.), *Reviewing the Cold War: Approaches, Interpretations, Theory* (London, 2000).

Vladislav Zubok and Constantine Pleshakov, *Inside the Kremlin's Cold War: From Stalin to Khrushchev* (Cambridge, Mass., 1996).

第 1 章

Melvyn P. Leffler, *The Specter of Communism: The United States and the Origins of the Cold War, 1917–1953* (New York, 1994).

Vojtech Mastny, *The Cold War and Soviet Insecurity: The Stalin Years* (New York, 1996).

Williamson Murray and Allan R. Millett, *A War To Be Won: Fighting the Second World War* (Cambridge, Mass., 2000).

Thomas G. Paterson, *On Every Front: The Making and Unmaking of the Cold War* (New York, 1992).

Christopher Thorne, *The Issue of War: States, Societies, and the Far Eastern Conflict of 1941–1945* (New York, 1985).

Dimitri Volkogonov, *Stalin* (New York, 1991).

第2章

Carolyn Eisenberg, *Drawing the Line: The American Decision to Divide Germany, 1944–1949* (New York, 1996).

Michael J. Hogan, *The Marshall Plan: America, Britain, and the Reconstruction of Western Europe, 1947–1952* (New York, 1987).

Melvyn P. Leffler, *A Preponderance of Power: National Security, the Truman Administration, and the Cold War* (Stanford, Calif., 1992).

Eduard Mark, 'Revolution by Degrees: Stalin's National-Front Strategy for Europe, 1941–1947', Cold War International History Project Working Paper #31 (2001).

Arnold Offner, *Another Such Victory: President Truman and the Cold War, 1945–1953* (Stanford, Calif., 2002).

Marc Trachtenberg, *A Constructed Peace: The Making of the European Settlement, 1945–1963* (Princeton, 1999).

Daniel Yergin, *Shattered Peace: The Origins of the Cold War and the National Security State* (Boston, 1978).

第3章

William S. Borden, *The Pacific Alliance: United States Foreign Economic Policy and Japanese Trade Recovery, 1947–1955* (Madison, Wis., 1984).

Bruce Cumings, *The Origins of the Korean War* (2 vols, Princeton, 1981 and 1990).

John W. Dower, *Embracing Defeat: Japan in the Wake of World War II* (New York, 1999).

Sergei N. Goncharov, John W. Lewis, and Xue Litai, *Uncertain Partners:*

Stalin, Mao, and the Korean War (Stanford, Calif., 1993).
Chen Jian, *Mao's China and the Cold War* (Chapel Hill, N.C., 2001).
Robert J. McMahon, *The Limits of Empire: The United States and Southeast Asia since World War II* (New York, 1999).
Michael Schaller, *The American Occupation of Japan: The Origins of the Cold War in Asia* (New York, 1985).
William Stueck, *The Korean War: An International History* (Princeton, 1995).

第 4 章

Gordon H. Chang, *Friends and Enemies: The United States, China, and the Soviet Union, 1948–1972* (Stanford, Calif., 1990).
Saki Dockrill, *Eisenhower's New Look National Security Policy, 1953–61* (London, 1996).
Steven Z. Freiberger, *Dawn over Suez: The Rise of American Power in the Middle East* (Chicago, 1992).
Richard H. Immerman, *John Foster Dulles* (Wilmington, Del., 1999).
Wm Roger Louis and Roger Owen (eds.), *Suez 1956: The Crisis and Its Consequences* (New York, 1989).
Stephen G. Rabe, *Eisenhower and Latin America* (Chapel Hill, N.C., 1988).
James G. Richter, *Khrushchev's Double Bind* (Baltimore, 1994).

第 5 章

Lawrence Freedman, *Kennedy's Wars: Berlin, Cuba, Laos, and Vietnam* (New York, 2000).
Aleksandr Fursenko and Timothy Naftali, *'One Hell of a Gamble': Khrushchev, Castro, and Kennedy, 1958–1964* (New York, 1997).
Fredrik Logevall, *Choosing War: The Lost Chance for Peace and the Escalation of the War in Vietnam* (Berkeley, 1999).
Thomas G. Paterson (ed.), *Kennedy's Search for Victory* (New York, 1989).
Qiang Zhai, *China and the Vietnam Wars, 1950–1975* (Chapel Hill, N.C., 2000).

第 6 章

Thomas Borstelmann, *The Cold War and the Color Line: American Race Re-*

lations in the Global Arena (Cambridge, Mass., 2001).
Peter J. Kuznick and James Gilbert (eds.), *Rethinking Cold War Culture* (Washington, 2001).
Robert J. McMahon, *The Cold War on the Periphery: The United States, India, and Pakistan* (New York, 1994).
David Reynolds, *One World Divisible: A Global History since 1945* (New York, 2000).
Michael S. Sherry, *In the Shadow of War: The United States since the 1930s* (New Haven, Conn., 1995).
Stephen J. Whitfield, *The Culture of the Cold War* (Baltimore, 1991).
John Young, *Cold War Europe, 1945–89: A Political History* (London, 1991).

第7章

Henry Kissinger, *White House Years* (Boston, 1979).
David Reynolds, *One World Divisible: A Global History since 1945* (New York, 2000).
Raymond L. Garthoff, *Detente and Confrontation: American-Soviet Relations from Nixon to Reagan* (Washington, 1985).
H. W. Brands, *Since Vietnam: The United States in World Affairs, 1973–1995* (New York, 1996).
H. W. Brands, *The Devil We Knew: Americans and the Cold War* (New York, 1993).
John Lewis Gaddis, *Strategies of Containment: A Critical Appraisal of Postwar American National Security Policy* (New York, 1982).
Odd Arne Westad (ed.), *The Fall of Detente: Soviet-American Relations during the Carter Years* (Oslo, 1997).
Gaddis Smith, *Morality, Reason, and Power: American Diplomacy in the Carter Years* (New York, 1986).
Walter LaFeber, *America, Russia, and the Cold War, 1945–2000*, 9th edn. (New York, 2000).

第8章

David Cortright, *Peace Works: The Citizen's Role in Ending the Cold War* (Boulder, Co., 1993).
Robert D. English, *Russia and the Idea of the West: Gorbachev, Intellectuals,*

and the End of the Cold War (New York, 2000).
Matthew Evangelista, *Unarmed Forces: The Transnational Movement to End the Cold War* (Ithaca, New York, 1999).
Raymond L. Garthoff, *The Great Transition: American-Soviet Relations and the End of the Cold War* (Washington, 1994).
Michael J. Hogan (ed.), *The End of the Cold War: Its Meaning and Implications* (New York, 1992).
Jacques Levesque, *The Enigma of 1989: The USSR and the Liberation of Eastern Europe* (Berkeley, 1987).
Olav Njølstad, *The Cold War in the 1980's* (London, forthcoming).
Don Oberdorfer, *The Turn: From the Cold War to a New Era* (New York, 1992).
George P. Shultz, *Turmoil and Triumph: My Years as Secretary of State* (New York, 1993).
Philip Zelikow and Condoleeza Rice, *Germany Unified and Europe Transformed: A Study in Statecraft* (Cambridge, Mass., 1995).

冷戦史

2018年7月10日　第1版第1刷発行
2024年2月10日　第1版第4刷発行

著　者　ロバート・マクマン
監訳者　青《あお》　野《の》　利《とし》　彦《ひこ》
訳　者　平《ひら》　井《い》　和《かず》　也《や》
発行者　井　村　寿　人

発行所　株式会社　勁《けい》　草《そう》　書　房

112-0005 東京都文京区水道2-1-1　振替 00150-2-175253
（編集）電話 03-3815-5277／FAX 03-3814-6968
（営業）電話 03-3814-6861／FAX 03-3814-6854
平文社・松岳社

ISBN978-4-326-35175-6　　Printed in Japan

＊落丁本・乱丁本はお取替いたします。
ご感想・お問い合わせは小社ホームページから
お願いいたします。

https://www.keisoshobo.co.jp